A política em estado vivo

Título original:
Política em Estado Vivo. Uma visão Crítica das Práticas Políticas

© Cooperativa Outro Modo, os autores e Edições 70, 2013

Capa de FBA

Depósito Legal n.º 360347/13

Biblioteca Nacional de Portugal – Catalogação na Publicação

POLÍTICA EM ESTADO VIVO

Política em estado vivo : uma visão crítica
das práticas políticas / org. Bruno Monteiro,
Virgílio Borges Pereira. – (Livros de bolso
Le Monde Diplomatique ; 6)
ISBN 978-972-44-1762-2

I – MONTEIRO, Bruno José Rodrigues, 1984-
II – PEREIRA, Virgílio

CDU 321

Paginação:
Cláudia Moura

Impressão e acabamento:
Papelmunde, SMG, Lda.
V. N. de Famalicão
para
EDIÇÕES 70,
em
Maio de 2013

Direitos reservados para todos os países de língua portuguesa
por Edições 70

EDIÇÕES 70, uma chancela de Edições Almedina, S.A.
Avenida Fontes Pereira de Melo, 31 – 3º C - 1050-117 Lisboa / Portugal
e-mail: geral@edicoes70.pt

www.edicoes70.pt

Esta obra está protegida pela lei. Não pode ser reproduzida,
no todo ou em parte, qualquer que seja o modo utilizado,
incluindo fotocópia e xerocópia, sem prévia autorização do Editor.
Qualquer transgressão à lei dos Direitos de Autor será passível
de procedimento judicial.

A política em estado vivo
Uma visão crítica das práticas políticas

ORGANIZAÇÃO DE:
BRUNO MONTEIRO – VIRGÍLIO BORGES PEREIRA

ÍNDICE

Introdução
Bruno Monteiro; Virgílio Borges Pereira 7

Política como prática. Uma nova abordagem à história política soviética
Sheila Fitzpatrick 33

«A grande massa é indiferente, tolera tudo...» Experiências de dominação, sentido de si e individualidade dos trabalhadores alemães antes e depois de 1933.
Alf Lüdtke 71

A militância sindical no Marcelismo
Fátima Patriarca 107

"Esta noite vamos todos à Assembleia Geral". O capital militante dos professores numa zona desfavorecida
Franck Poupeau 117

"Vamos lá acima!". Crise do Estado e ação coletiva
no centro histórico do Porto (1974-1975)
João Queirós 133

Fogo e barricadas retratos da beligerância popular
na Argentina democrática.
Javier Auyero 155

Dar o corpo ao manifesto.Um inquérito etnográfico
dos modos de actuação militante entre dirigentes
sindicais operários (Porto, 2008-2012)
Bruno Monteiro 187

Em nome dos operários. Que representação política
das classes populares?
Julian Mischi 221

Sobre a importância de se chamar Ernesto,
Avelino ou Amadeu. Breves notas sobre a memória
do encontro entre o social e a política no Porto
(pós-)revolucionário.
Virgílio Borges Pereira 237

INTRODUÇÃO

BRUNO MONTEIRO; VIRGÍLIO BORGES PEREIRA

"Os aparentes senhores do tempo da política – Tal como o povo comum intimamente assume que quem compreende o tempo e pode prevê-lo um dia antes é quem realmente o faz, também, numa demonstração de fé supersticiosa, até os homens cultos e educados atribuem aos grandes homens de Estado todas as mudanças e eventos importantes que têm lugar durante o seu governo como se fossem eles a criá-los (...): eles são por isso tomados como os senhores do tempo – e esta fé não é o menor dos instrumentos do seu poder."[1]

Ver em retrospectiva a história das ciências (sociais) pode criar uma ilusão de linearidade e continuidade. Lembram-nos Georges Canguilhem ou Alexandre Koyré que um tal exercício tende a dissimular a variedade de escolhas e possibilidades que a sucessão de acontecimentos descartou, o que, por sua vez, compreende não só o que aparecerá subsequentemente como *erro* ou equívoco a partir dos apu-

---

[1] Friedrich Nietzsche, *Human, All To Human. A Book For Free Spirits*, Cambridge, Cambridge University Press, 1996 [1878], pp.164-165.

ramentos do trabalho científico, como tende subrepticiamente a cristalizar determinados *hábitos do pensamento*, tendendo a impô-los como maneiras de agir com a convicção da certeza. Seria interessante regressar a uma história da ciência social da política para poder eventualmente recuperar aquilo que apenas a *anamnese histórica* pode esclarecer: a existência e os contornos de um *inconsciente de escola* que, como repreendia Émile Durkheim a todos os que adoptavam um evolucionismo ingénuo em matéria do progresso do conhecimento, designadamente ao recordar as consequências da "autoridade do hábito" escolástica,[2] foi assumindo o carácter de um *consenso implícito* sobre a política. Beneficiando do que os longos anos de estudos históricos e sociológicos permitiram corrigir, apurar ou acumular em matéria de análise do comportamento político, valerá a pena recuperar *concepções teóricas das práticas políticas* que hoje estarão longe de terem sido constituídas em senso comum disciplinar. Só a *historicização* dos estilos de pensamento científico poderá permitir uma consciencialização dos constrangimentos e oportunidades que existem para o exercício de *outra* ciência das obras e actos políticos.[3]

---

[2] Émile Durkheim, *L'Évolution Pédagogique en France*, Chicoutimi, Université do Quèbec, volume I, 2002 [1938], p.113 [edição electrónica]. Editada pela primeira vez em 1938, esta trata-se da edição póstuma de um curso dispensado por Émile Durkheim durante o ano lectivo de 1904-05.

[3] Este ponto de vista acolhe positivamente as propostas de Fritz Ringer para uma sociologia histórica do conhecimento, tal como surgem expressas em vários textos seus, e.g. Fritz Ringer, *Fields of Knowledge*.

INTRODUÇÃO

Nesse sentido, reencontrar os *processos de institucionalização* que sedimentaram os modos de questionamento sobre a política actualmente prevalecentes poderá proporcionar os argumentos e os utensílios necessários para compreender as consequências que tem o peso da história social e política para o trabalho dos cientistas sociais que estudam essa mesma história.[4] Há um conjunto de trabalhos históricos

---

French Academic Culture in Comparative Perspective, 1890-1920, Cambridge, Cambridge University Press, 1992.

[4] Sobre as circunstâncias de escrita da história da "ciência política", pode ler-se o trabalho de Stefan Collini *et al*, *That Noble Science of Politics. A Study in Nineteeth-Century Intellectual History*, Cambridge, Cambridge University Press, 2008, pp.3-21. Por ser preciso repor os contributos dos autores dentro do horizonte de produção e circulação das ideias que os envolvia a determinado momento do tempo, acabamos por nos concentrar sobre o período compreendido entre o ocaso do século XIX e as primeiras décadas do século XX, escolha que obedece a critérios historiográficos que apontam este como o período decisivo de consolidação dos quadros institucionais e intelectuais das ciências sociais da política. Sobre esta questão, vd. Dorothy Ross, "Changing Contours of the Social Science Disciplines", em Theodore Porter e Dorothy Ross, *The Cambridge History of Science, Volume 7: The Modern Social Sciences*, Cambridge Cambridge University Press, 2003, especialmente pp.208-214. Peter Wagner, "Varieties of Interpretation of Modernity: On National Traditions in Sociology and the Other Social Sciences", em Christophe Charle *et al* (eds.), *Transnational Intellectual Networks. Forms of Academic Knowledge and the Search for Cultural Identities*, Frankfurt, Campus Verlag, 2004, pp.27-51. Isso não contraria os contributos que sinalizam a importância do período histórico precedente para a constituição das (pré-) condições indispensáveis à emergência das modernas teorias sociais.

e sociológicos sobre práticas e regimes políticos que nem sempre tem sido devidamente mobilizado no universo científico, com vantagem para outros modos de tratamento dos fenómenos políticos que, em alguns casos, ignoram a lógica específica da esfera política, ou que, quando a reconhecem, a imaginam como um círculo de interconhecimento de homens ilustres, onde prevalecem relacionamentos pessoais e acontecimentos extraordinários. Noutros casos, ocorre procurar encontrar o sentido dos actos políticos sem tomar em consideração que a *política* é passível de uma gama de usos socialmente variados, sensível especialmente ao que a lonjura social e cultural em relação à política contribui para criar em termos de impotência, apatia, ou incompreensão. Outros casos ainda, adoptam uma perspectiva sobre a política que unicamente considera as inscrições textuais, e preferencialmente os documentos formais e solenes produzidos pelas instâncias de regulamentação da política oficial, ou que sacraliza uma engenharia de explicação do comportamento político que busca socorro numa série de petições de princípio acerca da natureza humana ("cidadão comum", "acção racional"), excluindo o que pode a política ter a ver com comportamentos, sentimentos e pensamentos gerados e actualizados em contexto, que apenas deixaram indícios quando não houve a preocupação de os registar documentalmente, ou com os actos, posturas e atitudes que constituem as expressões prosaicas de trajectos singulares e

---

Sobre este estádio, vd. Johan Heilbron, *The Rise of Social Theory*, Minneapolis, Minnesota University Press, 1995."

INTRODUÇÃO

colectivos da militância política. Com este livro procura-se contribuir para um estudo da política que recuse explicitamente utilizar os esquemas de pensamento próprios da actividade política, ensaiando a construção de exercícios de *objectivação* que não fiquem resignados a constatar, mais ou menos compadecidamente ("tudo é político"), que sempre haverá uma interpretação pronta a ser usada, habitualmente sem qualquer misericórdia, pelos representantes dos interesses e projectos políticos, que com isso patrocinam, consciente ou inconscientemente, a migração de categorias, premissas, questões ou soluções do universo político directamente para o universo de *estudo* da política.

Sabemos, do que Moisei Ostrogorski escreveu sobre a evolução do sistema partidário americano logo em finais do século XIX e que seria, depois, repetidamente e amplamente demonstrado por outros trabalhos sobre a emergência dos regimes políticos nacionais, que cedo começou a tornar-se nítida a separação entre uma *maioria* de cidadãos absorvida pelos *interesses privados,* que tendeu, assim, a confinar-se apaticamente a uma situação de progressiva *indiferença* pela vida pública, e uma *pequena minoria* que *monopolizava a acção política,* cujos membros passaram, com isto, a encontrar aí um *ofício* a tempo inteiro.[5] Desta

---

[5] Moisei Ostrogorski, *Democracy and the Organization of Political Parties*, New York, Macmillan, 1902, volume II, p.70. A propósito destes *profissionais da política* que exercem um *monopólio* sobre as prerrogativas de produção e explicitação dos instrumentos e recursos políticos, iremos encontrar, anos depois, uma obra sobre as estruturas

circunscrição e concentração da possibilidade *estatutária* e *prática* de acesso e usufruto da autoridade política a um conjunto de especialistas. Pese embora a inscrição constitucional da universalidade e igualdade dos direitos cívicos que são concedidos aos cidadãos, que é suposto controlarem, enquanto eleitores, soberanamente as escolhas que regulam a constituição dos órgãos legislativos do Estado, sucede como consequência que passam a ser aqueles especialistas - para quem Gaetano Mosca cunhara propositadamente um nome especial, "a classe política"[6] - que exercem em exclusivo o controlo sobre os poderes de Estado. Doravante, serão eles que, concorrendo entre si consoante as magnitudes de poder que possuem, irão procurar deter em exclusivo os mecanismos de constituição e propagação das escolhas políticas disponíveis, como passarão também a lutar permanentemente por controlar a repartição das vantagens sociais, económicas e estatutárias que são conferidas pelas prerrogativas de liderança mantidas sobre as instituições partidárias e estatais.

Admite-se que é inerente ao processo de formação histórica do Estado um movimento de centralização e monopolização dos poderes estatais por uma agremiação de peritos

---

internas das organizações partidárias, em Robert Michels, *Para uma Sociologia dos Partidos Políticos na Democracia Moderna*, Lisboa, Antígona, 2001 [1911].

[6] Gaetano Mosca, *Elementi di Scienza Politica. 2. ed. con una Seconda Parte Inedita.*, Torino, F.lli Bocca, 1923, especialmene sobre a "classe política", podemos ler pp.91-122.

ideológicos e executores de funções técnicas especializados nos assuntos estatais[7]; o que constitui a originalidade dos regimes políticos firmados em princípios democráticos é a criação de um *terreno de competição política* garantindo aos protagonistas individuais e institucionais que, em razão do monopólio das aptidões, qualificações ou intenções que são implícita ou explicitamente exigidas como requisito político, conseguem reservar para si a reivindicação do monopólio do acesso e usufruto das *oportunidades* em disputa na

---

[7] Sobre os processos de formação histórica das instituições estatais e dos espaços políticos nacionais, vincando-se especialmente a ligação existente com o engendramento e a transformação das respectivas lógicas de acção política, existe uma variedade de trabalhos históricos e sociológicos, de que valerá a pena, pensamos, destacar Norbert Elias, *O Processo Civilizacional*, Lisboa, Dom Quixote, 2006 [1939]; Max Weber, *Max Weber's Complete Writings on Academic and Political Vocations*, New York, Algora Publishing, 2008. Barrington Moore, *As Origens Sociais da Ditadura e da Democracia*, Lisboa, Edições 70, 2010 [1966]. Eugen Weber, *Peasants into Frenchmen*, Stanford, Stanford University Press, 1976; Jean Philippe Genet, *La Genèse de l'Etat moderne. Culture et Société Politique en Angleterre*, Paris, PUF, 2003 ; Charles Tilly (ed.), *The Formation of National States in Europe*, Princeton, Princeton University Press, 1975 ; Jurgen Kocka, *Industrial Culture and Bourgeois Society. Business, Labor, and Bureaucracy in Modern Germany*, New York, Berghahn Books, 1999. John Pocock, *The Machiavellian Moment: Florentine Political Thought and the Atlantic Republican Tradition*, Princeton, Princeton University Press, 2003 (ed. rev.); Quentin Skinner, *Visions of Politics*, volume 1, Cambridge Cambridge University Press, 2002. Moses Finley, *Politics in the Ancient World*, Cambridge, Cambridge University Press, 1983.

luta política. Independentemente das colorações ideológicas que assumem, ou melhor, apesar delas, tais regimes censitários, que podem, é certo, ser ao longo da história mais ou menos acessíveis e inclusivos em termos sociais e variar consoante a maior ou menor civilidade dos reportórios de litígio que admitem a concurso, tendem sem excepção a experimentar caracteristicamente a emergência de uma *esfera de actividade* especificamente *política*, com múltiplos graus de autonomia.[8] Aí, a sujeição conjunta a uma *lógica intrínseca* particular, que Max Weber chamava *razões de estado* para pensar a consolidação do moderno Estado burocrático, contribui para explicar a reciprocidade de orientação que adoptam todos os elementos que são por ela conglobados e coagidos. Inaceitável é exprimir esta *coerência interna* em

---

[8] A ideia de *esfera de actividade* tal como é explicitamente formulada por Max Weber é resultante das distinções existentes entre as orientações peculiares que as acções sociais podem ter para o agente ou os agentes de acordo com os tipos de bens simbólicos ou materiais que cada uma permite adquirir e acumular. Segundo uma *lei interna própria* (*Eigengesetzlichkeit*), as acções individuais e colectivas dotadas de *sentido* encontram-se numa *relação de dupla adequação* por referência a uma *ordem de vida* (*Lebensordnung*), designadamente quanto às *causas*, como tendência de adequação às *possibilidades* objectivas oferecidas, e quanto aos *significados*, enquanto ajustamento perante as *apreciações* e estimações subjectivas dos valores que são intercambiados no interior de tal esfera de acção. Um exemplo pode ser a emergência histórica do *cosmos* económico como *ordem de vida* preenchida por acções e significados que passam doravante a ser irredutíveis a quaisquer outros que não os puramente económicos, Max Weber, *Economia y Sociedad*, Mexico, Fondo de Cultura Economica, volume I, 1964, pp.47, 50.

termos que correspondam à *racionalidade* específica que qualifica as acções e significados de outra ordem de vida.[9]

Esclarece Max Weber em *Parlamento e Governo numa Alemanha Reconstruída. Para a Crítica Política do Funcionalismo e do Sistema Partidário*, trabalho publicado em 1918, que é imprescindível atender à singularidade das necessidades e oportunidades que governam os percursos, as existências e os horizontes dos agentes políticos em democracia,[10] espécie particular de indivíduos e instituições que são gradualmente requisitados a aceitarem total e permanentemente os princípios característicos da acção política das democracias modernas. Neste domínio, cada vez mais caracterizado pelo recrutamento de aderentes em massa, pela associação voluntária a agremiações políticas e pela competição entre concorrentes políticos que são, crescentemente, *partidos* que contam com o suporte de uma organização permanente, racionalizada, epitomada pela figura do *político profissional*, e geralmente com uma visão do mundo ideologicamente justificada e justificadora, os rivais aceitam comummente as *regras de combate* dominantes quando disputam o controlo sobre as *oportunidades* prometidas pela *luta política*, a saber, *poder* e *responsabilidade*

---

[9] Max Weber, *Sociologie des Religions*, Paris, Éditions Gallimard, 1996, p.412.
[10] Max Weber, *Parlamento e Governo numa Alemanha Reconstruída. Para a Crítica Política do Funcionalismo e do Sistema Partidário*, São Paulo, Editora Nova Cultural, 1997, pp.101-102

sobre o Estado.[11] Distanciando-se da visão simplificadora acerca das pulsões e finalidades das actividades políticas, que tem dificuldade em apreender que os líderes partidários visam interesses distintivamente *políticos* (e nem sempre nem exclusivamente económicos ou morais, por exemplo),[12] Max Weber consegue, assim, sustentar que as actividades políticas solicitam homens com qualidades especiais de formação que são conquistadas (e utilizadas) durante a carreira parlamentar e as campanhas eleitorais, *treino especializado* para os tornar *conhecedores da arena política e das práticas que lhe são apropriadas*, o único que os habilita a desempenharem eficazmente as ocupações que lhes competem ao longo de uma vida partidária, parlamentar ou governativa que tem que ser conduzida em luta constante com os opositores do momento.[13]

Com efeito, "política significa conflito."[14] Tem uma importância crucial a *luta pelo poder*, já que é ela que define, ao mesmo tempo, o que torna a política *similar* e *distinta* por comparação com outras *esferas de valor*, como a economia ou a religião, também elas caracterizadas por uma competição em torno a uma variedade particular de bens *sagrados* ou *profanos*, *ideais* ou *materiais*, e que estão também peremptoriamente pautadas pela repartição desigual de oportunidades de sucesso entre os vários rivais e pelas suas típicas

---

[11] *Idem, Ibidem*, p.43.
[12] *Idem, Ibidem*, p.58.
[13] *Idem, Ibidem*, p.106.
[14] *Idem, Ibidem*, p.46.

condutas de actuação disciplinadas, rotinas de especialistas que os destacam progressivamente perante o desinteresse, o diletantismo, a ignorância ou a intermitência de actuação política das massas.[15] Separada do conjunto dos eleitores, a oligarquia de especialistas que centraliza e concentra os meios de pensar e fazer a política, tende, portanto, a sustentar entre si uma disputa pelas formas de valor características da política, conduzindo-se cada concorrente segundo os modos de vida e as visões do mundo que estabelecem os seus "poderes de disposição" particulares, ou seja, a soma de todas as *oportunidades* que estão estabelecidas em seu favor ("por uma ordem consuetudinária, por uma situação de interesses, ou garantidas jurídica e convencionalmente"). Não é por estar dotada de uma lógica intrínseca que interliga todos os participantes de uma *ordem de vida* que escasseiam as tensões que os empurram uns contra os outros, é, aliás, o reconhecimento generalizado de uma *forma de valor* escassa ou exclusiva que contribui para explicar, ao mesmo tempo, a coerência e a incompatibilidade de relacionamentos recíprocos entre a pluralidade de agentes políticos. Nesta acepção, as virtualidades da concepção weberiana da *esfera da política* passam não só por reconhecer a especificidade da racionalidade política que governa as acções de todos os elementos que reconhecem (ou *crêem*, digamos) as *utilidades* características da política, isto é, que se adequam às probabilidades supostas ou factuais de obter um uso da política dotado de sentido, como

---

[15] *Idem, Ibidem*, p.46.

ainda por pensar a pluralidade de *espécies de maneiras de agir em comunidade* que nela coexistem por *contrastes* e por *transições*, construindo um esquema de orientação teórico.[16]

Nas palavras de Georg Simmel, que procurava, já em 1908, formular um *constructo* teórico do universo político por intermédio da *imaginação sociológica*,[17] o que importa é precisamente reconstruir sociologicamente o *padrão de relações* que congloba e interliga todos os indivíduos e grupos que convergem sobre um objecto de disputa,[18] a *forma sociológica* peculiar caracterizada por uma *totalidade suprapessoal* de interacções directas e indirectas que parecem solidárias unicamente porque concorrem por uma mesma *coisa de valor*, que é como que o *eixo de articulação* comum para uma multiplicidade de protagonistas repartidos por uma *estrutura especial* que existe *objectivamente* e, portanto, sem carecer de quaisquer considerações psicológicas.[19] Não estamos a pensar em *elites*, portanto; temos, em vez de um grémio substancializado de sujeitos de nome próprio ligados por privilégios obtidos mais ou menos ocultamente em gabinetes partidários ou públicos, uma *configuração sócio-histórica de relações de força*.[20] Só isso permite que não sejamos

---

[16] Max Weber, *Sociologie des Religions*, op. cit., pp.411, 417.
[17] Georg Simmel, *Sociology. Inquiries into the Construction of Social Forms*, Boston, Brill, 2009, p.144.
[18] *Idem, Ibidem*, p.297.
[19] *Idem, Ibidem*, pp.558, 481.
[20] "O aspecto moral na nossa pesquisa não nos interessa aqui, mas sim o seu aspecto sociológico: a interacção social – i.e. a acção reciprocamente ajustada e executada que ocorre unicamente a partir

INTRODUÇÃO

obrigados a ter que procurar interminavelmente a *essência* da política, *causas primeiras* ou *teleologias* inclusive,[21] ou a resguardar-nos sob a convicção tipicamente escolástica que presume ser evidente o que é *a política*, quando, geralmente, acontece tratarem-se de concepções e noções que são elas próprias disputadas pelos políticos, interessados que estão em universalizar a visão parcial e parcelar que têm sobre a política e em descredibilizar as versões que têm os concorrentes sobre ela, concepções e noções que, aliás, tendem a ser empregues como instrumentos de combate. Da mesma maneira, a contracorrente da tendência de substancialização dos grupos políticos, dirigentes ou dirigidos ("elite" e "massa", "vanguarda" e "classe"), a pesquisa sociológica, ao pensar em termos de "intermediabilidade"[22], contempla a trama integral de relações de interdependência existente entre todos os intervenientes eficientes do universo da política, dos quais apenas podemos compreender as propriedades e os comportamentos quando os reinte-

---

de posições pessoais existe mesmo nos casos de dominação e subordinação, e isto gera portanto uma outra *forma* sociológica, na qual a «força», como usualmente entendida, é usada por uma parte para destituir a outra de toda a espontaneidade (...)." *Idem, Ibidem*, p.130.

[21] Georg Simmel mostra, aliás, que o único modo de compreender os debates políticos sobre a pobreza é passar adiante de uma leitura ideológica, passando, logo, a inscrever a questão sobre as tensões, cumplicidades e concorrências que resultam das tentativas de acção sobre o plano estritamente político. *Idem, Ibidem*, p.487.

[22] *Idem, Ibidem*, p.545.

gramos aí, onde uma concatenação de interacções (e não uma sequência linear "de cima para baixo" ou "de causa a efeito") cinge todos os intervenientes do universo político numa configuração de equilíbrios de poder historicamente elásticos e mutáveis.

Excluindo todas as tentativas para os apreender isolados, como que gozando de um estado de absoluta independência que nunca sequer tiveram as personalidades consideradas exemplares ou preeminentes, ao mesmo tempo que recusando as tentativas de os submeter a uma mecânica inexorável que os imagina receptores passivos de um papel pré-definido ("aparelho"), reconhecendo, pois, as *margens de liberdade* que lhes são desigualmente concedidas a um dado momento, procuramos apreender a simultaneidade de determinações que exercem mutuamente os diferentes participantes da política. Os horizonte de possíveis, apesar de terem uma pertinência independente da (in)consciência que deles têm os participantes, constituem em si uma das paradas em disputa ("liberdades") e um dos meios de intercessão pelos quais se age prioritariamente sobre o conjunto do universo da política ("utopias", "proclamações"), visando a concretização de efeitos de realidade a partir da constituição de símbolos de tal realidade. Por outro lado, torna-se possível escapar a uma incontrolada e obsessiva recolha de materiais históricos ou sociológicos, o que usualmente vai de par com a tentativa de vincular todos os acontecimentos históricos a uma sucessão de encontros pessoais, íntimos até, que ocupa os *grande homens*, os *bastidores da política* ou os *círculos do poder*. Entre outros contributos que pessoalmente trouxeram, são constatações como estas que surgem transversalmente nas pesquisas históricas e sociológicas que, desde há anos, conduzem autores tão distintos entre si quanto Charles Tilly, Jean-Philippe Genet, Timothy Tackett, Gerard Noiriel, George Steinmetz ou, entre outros, Pierre Bourdieu sobre o *campo* da política (ou, noutro patamar, sobre o *campo* burocrático)[23].

Os textos que quisemos aqui reunir mostram eles próprios que é imprescindível tomar em consideração a *lógica* que é característica do campo de forças objectivas que interliga invisivelmente todos os agentes politicamente implicados, estrutura de repartição que determina a plausibilidade e a potência das estratégias políticas que são, sem que haja necessariamente previsão ou resolução, postas em acção para conservar, inverter ou reequilibrar as presentes condições de existência política e social. O texto de Sheila Fitzpatrick procura, por isso mesmo, demons-

---

[23] Sobre os autores citados, para lá de consultar os trabalhos mencionados em nota bibliográfica acima incluída, pode ler-se Gerard Noiriel, *Etat, Nation et Immigration. Vers Une Histoire du Pouvoir,* Paris, Belin, 2001; George Steinmetz, "The Colonial State as a Social Field: Ethnographic Capital and Native Policy in the German Overseas Empire before 1914", *American Sociological Review*, 73, 2008, pp.589-612; Timothy Tackett, *Becoming a Revolutionary: The Deputies of the French National Assembly and the Emergence of a Revolutionary Culture (1789 - 1790)*, University Park, Pensilvannia University Press, 2006; Pierre Bourdieu, *Propos sur le Champ Politique*, Lyon, Presses Universitaires de Lyon, 2005; *Sur L'Etat. Cours au Collège de France*, Paris, Seuil, 2011.

trar a necessidade de considerar a evolução ao longo do tempo dos equilíbrios e contornos das interacções entre os líderes da União Soviética, que são, todavia, vistos aqui enquanto ocupantes de determinados cargos políticos e postos institucionais e menos como personalidades com certas idiossincrasias subjectivas. Da mesma maneira, a autora sublinha que é imprescindível procurar compreender as *regras da política* que orientam as actuações individuais e colectivas da arena política, superando o limiar do escrito (ou dito) que é usualmente respeitado pelos historiadores que se cingem ao estudo de documentos oficiais ou a personalidades ilustres. É isso que torna tão interessante considerar os períodos de paroxismo político, em que as regras da política são submetidas a uma pressão inaudita, parecendo encravar ou até falir, e uma inusitada gramática das práticas políticas parece ser mais ou menos subitamente incubada, tal como aqui mostram Javier Auyero e João Queirós.

O enervamento do universo político, que acompanha a crise e eventual desmantelamento dos dispositivos estatais de contenção e repressão da contestação política, perturba sobremaneira os limites do politicamente pensável, por um lado, tornando verosímil que possam ser questionados domínios que permaneciam outrora como inquestionados, e por outro lado, que sejam levantados os direitos de acesso e enunciação que eram usualmente impostos sobre as práticas políticas, o que vai permitir que actores até aí considerados pelos outros e por si mesmos incapazes e ilegítimos possam enunciar inéditas tomadas de posição política.

INTRODUÇÃO

O texto de Alf Lüdtke vem mostrar não só a necessidade de evacuar a moralização da investigação histórica, como exige aos cientistas sociais uma atenção mais detalhada aos comportamentos quotidianos, aqueles que parecem escapar a uma concepção politicista da política que apenas escolhe os momentos de contestação explícita e evidente ou as posturas, atitudes e condutas que são proclamadas políticas pelos protagonistas ou pelos respectivos detractores. De facto, a existência de uma lógica propriamente política das práticas políticas, que é analiticamente sublinhada, está longe de implicar que excluamos actores, práticas e locais que correm o risco de permanecerem invisíveis usando uma concepção formal da política.

Ao vincar que a proclamação da *igualdade política* permanece uma "ficção", em vez de possuir esse "poder mágico" que, acreditava o entusiasmo republicano, converteria todos os franceses em *cidadãos* depois de experimentados os mecanismos do sufrágio universal,[24] Karl Marx sustenta que a instauração e o próprio funcionamento da cidadania em França significaram, juntamente com os actos de "usurpação" aplicados sobre todos quantos foram marginalizados ou excluídos de princípio, apenas uma *imaginária abolição* das disparidades de interesse, discernimento ou condição entre os franceses, criando um *povo imaginado* que seria, depois, incisivamente desmentido pelo *povo*

---

[24] Karl Marx, "A Luta de Classes em França 1848-1850", Karl Marx e Friedrich Engels, *Obras Escolhidas*, Lisboa, Editorial Avante!, 1982, p.210.

real que, entre 1848 e 1850, saiu pelas ruas vociferando, suplicando ou cascalhando com rogos, aspirações e exigências que eram incompatíveis porque correspondiam às rupturas de classe da sociedade francesa.[25] Nestas circunstâncias, insiste Karl Marx, o que é crucial é apreender os vários modos de relacionamento que os homens estabelecem com a *política* durante as "eleições", e não tanto tomar a política como *coisa em si*, acepção que parece querer anular sob um *substantivo comum* a pluralidade de vias de utilização das "eleições". "A eleição de Bonaparte só podia explicar-se colocando no lugar de *um* nome os seus múltiplos significados."[26] Retenhamos esta anotação de Karl Marx, porque ela obriga a ver a equalização em abstracto de todos os homens ("o reino anónimo da república"), supostamente atingida pela concessão a todos os homens de uma técnica legal comum ("um direito"), em contraste com as variações de competências *sociais* que os indivíduos de uma dada sociedade realmente possuem, variações que este autor ligava inequivocamente à pertença de classe. Embora supondo a superação de uma exclusão de direito da política, encontramos uma refracção do uso da política pela estrutura social, refracção que uma leitura exclusivamente jurídica, ou mesmo *política* em sentido estrito, está impedida de notar enquanto mantiver uma concepção puramente formal e abstracta das práticas políticas. Neste volume, o texto de Julian Mischi mostra a necessidade de

---

[25] *Idem, Ibidem*, p.227.
[26] *Idem, Ibidem*, p.248.

ver em paralelo as mudanças da sociedade francesa, em particular da composição e representação da classe operária, as transformações do campo político, com a intrusão de novos protagonistas do jogo político como a comunicação social e a alteração correspondente dos modos de publicitar as causas e programas partidários, e as mutações interiores do próprio partido comunista francês, particularmente nas suas redes de recrutamento, orientação ideológica e sistema de distribuição de recompensas. Sobre o período terminal do Estado Novo, Fátima Patriarca ilustra o encaixe entre as mudanças institucionais do regime político do Estado Novo e as mutações sociais mais amplas da sociedade portuguesa dos anos 60 e 70 do século XX, usando os transtornos latentes e manifestos do sindicalismo corporativo (e, depois, larvarmente, estranho aos organismos corporativistas) como um eixo de condensação conflitual onde convergiram as estratégias políticas divergentes que iam sendo articuladas sobre a sindicalização. Num outro patamar, João Queirós e Javier Auyero mostram como é possível que os movimentos de contestação de aparência mais "ilógica", tanto pela espontaneidade que parecem apresentar, quanto por reunir indivíduos e grupos caracterizados pela grande distância social ou geográfica em relação ao patamar da política oficial, estão vinculados a um determinado sistema de oportunidades, subitamente transtornado, aos reportórios de contestação imagináveis e utilizáveis ou às circunstâncias históricas de um contexto local particular.

Na obra *Os Reis Taumaturgos - Estudo sobre o Carácter Sagrado Atribuído ao Poder Real Particularmente em França e em Inglaterra*, a opção de Marc Bloch pela *história global*, consiste em "fazer reentrar um caso particular num fenómeno mais geral".[27] Não é este o momento certo para retomar o que estava pensado como uma contribuição para "a história política da Europa",[28] senão para recuperar a recomendação de que é necessário estudar os contextos situados das práticas políticas: "[A] história das ideias – ou dos sentimentos – políticos não deve ser procurada somente nas obras dos teóricos; certas maneiras de pensar ou sentir são-nos mais bem reveladas pelos factos da vida quotidiana do que pelos livros."[29] Para Marc Bloch, é preciso "agarrá-las em estado vivo" (*saisir sur le vif*), é preciso persegui-las "num grande número de práticas, de modos de linguagem, de traços de costumes,"[30] para conhecer as propriedades distintivas que tem a acção política, ainda que ela apareça inocuamente sob uma aparência apolítica. O projecto de uma antropologia histórica do político deve

---

[27] Marc Bloch, *Les Rois Thaumaturges, Étude Sur le Caractère Surnaturel Attribué à la Puissance Royale Particulièrement en France et en Angleterre*, Paris, Librairie Armand Colin, 1961 [1924], p.51. Cf. ainda Ernst Kantorowicz, *The King's Two Bodies. A Study in Mediaeval Political Theology*, Princeton, Princeton University Press, 1997 [1957].
[28] Marc Bloch, *Op. cit.*, p.21.
[29] *Idem, Ibidem*, pp.193-194.
[30] *Idem, Ibidem*, pp.102, 194.

tratar de conhecer as condições sociais de possibilidade e plausibilidade associadas à emergência e continuidade da *eficácia* atribuída às acções e aos discursos dos detentores ou pretendentes ao poder político, sem a associar aos resultados de um *erro colectivo*. Ao mesmo tempo, ela conduz-nos a questionar a interacção perpétua existente entre a "transformação moral" e a "transformação política" dos homens políticos. Neste sentido, para recuperar os processos de geração e actualização dos esquemas de acção e pensamento que permitem o surgimento e a concretização de actos políticos significativos e eficazes, é preciso não só determinar as estruturas de poder institucional e ideológico que caracterizam especificamente o universo político, as quais, por sua vez, actuam como um *prisma* que retraduz as mudanças económicas e culturais mais amplas segundo a lógica específica da política, como também os lugares e ocasiões que pressupõem o cumprimento estrito pelos seus participantes de um *conjunto de regras* explícitas ou, o que é mais comum, tácitas, que contribuem simplesmente pela sua reiteração prolongada para a *padronização dos comportamentos e dos sentimentos* entre esses elementos.[31]

---

[31] Norbert Elias, *Os Alemães. A Luta pelo Poder e a Evolução do Habitus nos Séculos XIX e XX*, Rio de Janeiro, Zahar Editores, 1997, p.56.

Para Norbert Elias, quaisquer círculos de convivência social onde haja pessoas ou associações que competem pelo (quase-)monopólio de uma espécie particular de valor social, sagradas ou profanas, seja uma corte absolutista ou seja um partido comunista, constituem uma *formação* histórica particular que exige a criação e recriação constantes dos equilíbrios de poder existentes.[32] "Para compreender o código que dá forma ao padrão de comportamento e sentimento observável entre pessoas que foram socializadas de acordo com ele, as regras sociais predominantemente não escritas são indispensáveis e, no mínimo, tão informativas quanto as leis oficiais que constituem uma das manifestações formais do monopólio estatal da violência."[33] Desta feita, acontecimentos que tinham uma natureza aparentemente casual e inconsequente – tal como o levantar do rei com Luís XIV

---

[32] Sobre as classes dominantes alemãs do período "guilherminiano", Norbert Elias constatava que "[o]s seus membros formavam uma rede de pessoas que, apesar de toda a rivalidade e inimizade interna, sentiam, no entanto, pertencer ao mesmo círculo e que juntas exerciam suficiente poder para estar aptas a constituir um grupo autossuficiente e excluir todas as outras desse círculo de relações." *Idem, Ibidem*, p.52.

[33] *Idem, Ibidem*, p.71. Dentro das fronteiras da historiografia, em geral, "os historiadores modernos desde Ranke foram tão treinados para concentrar-se em documentação explícita que, na realidade, não têm olhos para formas de vida social, onde a coesão se baseia em grande parte no conhecimento de símbolos escassamente articulados." *Idem, Ibidem*, p.85.

INTRODUÇÃO

ou os duelos durante o regime "guilherminiano", – podem chegar a funcionar como *meio de disciplina* e como *símbolo de pertença*[34] que proclamam publicamente a pretensão e a aptidão de alguém em pertencer a um determinado círculo de sociabilidade. Se as formas de pensamento, sentimento e comportamento dos actores políticos estão ancoradas em contextos históricos precisos, onde a estrutura de personalidade incarnada pelos membros de um determinado círculo social surge vinculada à hierarquia de dominação e subordinação existente entre eles, é necessário conhecer os contextos em que são quotidianamente concretizadas as práticas políticas.[35]

Esta observação das práticas para lá dos signos, obriga, portanto, a regressar teoricamente aos contextos nativos das acções políticas, por um lado, e a reconstruir os trajectos singulares e colectivos em que é interiorizada ao longo do tempo uma determinada maneira de fazer, pensar e ver politicamente, por outro lado. O texto de Franck Poupeau vem corresponder a uma vontade de aproximação ao piso-térreo da acção contestatária, uma observação etnográfica teoricamente dirigida para captar os traços esporádicos e efémeros que preenchem o grosso

---

[34] *Idem, Ibidem*, p.57.
[35] Sobre a complementaridade e até a precedência que têm os gestos ordinários e prosaicos sobre as operações intelectuais para explicarem as tomadas de posição políticas, pode ler-se e.g. Roger Chartier, *Les Origines Culturelles de la Révolution Française*, Paris, Éditions du Seuil, 2000, pp.124-128.

dos dias de luta de um departamento educativo parisiense. Fugazes e intermitentes, eles são, contudo, providos de *sentido*, dado que estão ligados a acontecimentos, a personalidades e a instituições que estão longe de poderem ser vistos como acidentais ou gratuitos, tendo a uni-los o encastramento comum numa sequência de temporalidades locais, regionais e nacionais sobrepostas e no sistema de determinações económicas, culturais e políticas da sociedade francesa. De maneira a perceber a economia do militantismo, Franck Poupeau introduz a necessidade de compreender a produção, acumulação e conversão do capital militante, competências incorporadas, postos institucionais, recursos objectivados que podem ser detidos e utilizados para provocar actos politicamente eficazes e que, por outro lado, actuam como princípio de estruturação dos contextos onde são reconhecidos e eficientes. É precisamente o trabalho de reconhecimento social subjacente à dinamização da acção das associações de moradores no Porto revolucionário que Virgílio Borges Pereira toma como referência para a sua análise, vincando a importância daquele reconhecimento na produção da vocação dos seus militantes e da economia moral fundada nas relações de interconhecimento que a suporta. Por sua vez, pela inspecção das trajectórias (biográficas) de incorporação da vocação militante, Bruno Monteiro procura conhecer os processos de conversão que acompanham a passagem de operário a dirigente sindical, ilustrando a aquisição e aperfeiçoamento de uma aptidão particular a partir dos contextos situados de aplicação e demonstração da proficiência sindical, como os plenários de trabalhadores ou os piquetes de greve.

Oferecendo um exemplo modesto, porém concreto, esta obra procura sublinhar as virtualidades que surgem com a criação de um *espaço global das ciências sociais* onde sejam concitadas as acções cooperativas de construção e resistência de um pensamento sociológico comprometido com a racionalidade científica. Um espaço científico que, graças a um exercício continuado e sistemático da vigilância epistemológica colectiva, obtenha para si as soluções que dispensem os cientistas sociais de ter que continuar a escolher entre nacionalismo metodológico e universalismo escolástico.[36]

---

[36] "Sobre esta questão, ver o contributo pioneiro de Pierre Bourdieu "On the Possibility of a Field of World Sociology", em Pierre Bourdieu e James S. Coleman (eds.), *Social Theory for a Changing Society*, New York, Russel Sage Foundation, 1991, pp.373-387. Para uma actualização desta proposta, vd. Gisèle Sapiro, "Introduction", em Gisèle Sapiro (dir.), *L'Espace Intellectuel en Europe. De la Formation des États-Nations à la Mondialisation XIX-XX Siècle*, Paris, La Découverte, 2009, pp.1-24.

POLÍTICA COMO PRÁTICA.
UMA NOVA ABORDAGEM À HISTÓRIA
POLÍTICA SOVIÉTICA*

SHEILA FITZPATRICK

Nos últimos trinta anos, a história política foi a filha bastarda dos estudos soviéticos. Esta é, sem dúvida, uma reacção ao seu anterior predomínio durante o longo reinado da ciência política e do modelo totalitário na sovietologia do pós-guerra. Ela reflecte também tendências no interior da disciplina histórica mais lata, favorecendo primeiro a história social e mais recentemente a história cultural. Mesmo quando os arquivos do Partido Comunista foram abertos com a queda da União Soviética, oferecendo potenciais soluções para uma variedade de questões sobre as quais os historiadores vinham argumentando, poucos historiadores americanos ou europeus reagiram às novas oportunidades, embora um punhado de historiadores russos dirigidos por Oleg Khlevniuk tenha feito um trabalho

---

* Tradução de Bruno Monteiro, com revisão de Virgílio Borges Pereira.

estimável.[1] Em 2004, a revista *Kritika* dedicou um número especial à "Nova História Política", esperando obviamente encorajar abordagens inovadoras,[2] mas, de facto, a inovação nesta área da história soviética foi francamente mínima.[3] À parte alguns aventureiros trabalhos ocidentais – por exemplo, o estudo de James Harris sobre as relações centro-periferia, e a análise sócio-antropológica de Brigitte Studer do *Comintern* – a maior porção da história política do período estalinista publicada nos últimos 20 anos consistiu em biografias de Estaline[4] (tal como no passado, quando

---

[1] Ver em particular O. V. Khlevniuk, *Stalin i Ordzhonikidze. Konflikty v Politbiuro v 30-e gody* (Moscow: "Rossiia molodaia," 1993); idem, *Politbiuro. Mekhanizmy politicheskoi vlasti v 1930-e gody* (Moscow: ROSSPEN, 1996); idem, *Master of the House: Stalin and his Inner Circle* (New Haven: Yale University Press, 2009) ; Khlevniuk et al, eds., *Stalin, stalinizm, sovetskoe obshchestvo. Sbornik statei* (Moscow: Institu rossiiskoi istorii, 2000); e Yoram Gorlizki and Oleg Khlevniuk, *Cold Peace. Stalin and the Soviet Ruling Circle, 1945-1953* (New York: Oxford University Press, 2004).

[2] Brigitte Studer, *Un parti sous influence. Le Parti communiste suisse, une section du Komintern 1931 a 1939* (Lausanne: L'Age d'Homme, 1994); James R. Harris, *The Great Urals: Regionalism and the Evolution of the Soviet System* (Ithaca, NY: Cornell University Press, 1999).

[3] *Kritika. Explorations in Russian and Soviet History* 5:1 (Winter, 2004). O meu contributo para este volume é uma versão revista e abreviada do artigo com o mesmo nome que surgiu em *Kritika*. Agradeço aos editores de *Kritika* por terem concedido autorização para a republicação.

[4] Entre as recentes biografias contam-se Dmitrii Volkogonov; *Triumf i tragediia. Politicheskii portret I. V. Stalina*, 2 vols., cada quale m

a história política soviética e a biografia de Estaline eram praticamente sinónimos), ao lado de uma nova tendência alimentada pelos arquivos das biografias dos colaboradores mais próximos de Estaline.[5] Estudos da violência e terror

---

duas partes (Moscow: Izdatel'stvo Agentstva Pechati Novosti, 1989); Simon Sebag Montefiore, *Stalin: The Court of the Red Tsar* (London: Weidenfeld & Nicolson, 2003); Robert Service, *Stalin. A Biography* (Cambridge, Mass.: Harvard University Press, 2005); Edvard Radzinskii, *Stalin* (Moscow: Vagrius, 1997) e Miklos Kun, *Stalin. An Unknown Portrait* (Budapest: CEU Press, 2003). Também notáveis são as obras de Sarah Davies e James R. Harris, ed., *Stalin: A New History* (Cambridge: Cambridge University Press, 2005), e um extraordinário estudo de Estaline e as artes: Evgenii S.Gromov, *Stalin: vlast' i iskusstva* (Moscow: Respublika, 1998).

[5] Em inglês, ver Derek Watson, *Molotov: a Biography* (Basingstoke: Palgrave Macmillan, 2005); Geoffrey Roberts, *Molotov. Stalin's Cold Warrior* (Washington DC: Potomac Books, 2012) ; E. A. Rees, *Iron Lazar: A Political Biography of Lazar Kaganovich* (London: Anthem Press, 2012); Marc Jansen e Nikita Petrov, *Stalin's Loyal Executioner. People's Commissar Nikolai Ezhov, 1895-1940* (Stanford: Hoover Institution Press, 2002); J. Arch Getty and Oleg V. Naumov, *Yezhov. The Rise of Stalin's `Iron Fist'* (New Haven: Yale UP, 2008); e Kees Boterbloem, *The Life and Times of Andrei Zhdanov, 1896-1948* (Montreal: McGill-Queens, 2004). Muitas biografias em língua russa dos líderes do período estalinista foram publicadas nos anos mais recentes. Algumas são jornalísticas, mas outras, tais como Viacheslav Nikonov, *Molotov: molodost'* (Moscow: Vagrius, 2005) e M. Iu. Pavlov, *Anastas Mikoian. Politicheskii portret na fone sovetskoi epokhi* (Moscow: Mezhdunarodnye otnosheniia, 2010), são contributos académicos sérios.

de Estado estiveram também na moda[6] – mas, tal como a biografia de Estaline, isso dificilmente pode ser visto como uma *nova* abordagem da história política soviética, dada a sua centralidade nas investigações da Guerra Fria das décadas de 1950-80.

A ideologia mantém um fascínio perene para os estudantes da história política soviética, seja definida estritamente nos termos dos textos canónicos, seja mais amplamente nos termos dos discursos dominantes. Não se pode, é claro, estudar a política sem uma referência às posições ideológicas articuladas ou implícitas dos actores. Ao mesmo tempo, surgem ciladas quando se coloca a ideologia no centro da análise, especialmente o perigo de confundir o nome com a coisa. Aquilo que as pessoas dizem e aquilo que elas fazem são frequentemente bastante diferentes. Isto aplica-se particularmente aos documentos legislativos e prescritivos: os historiadores sociais – mas não, talvez, os seus colegas na história política – aprenderam a *não* tomar os decretos governamentais soviéticos e as resoluções do Politburo pelo seu valor facial, como se a situação que eles proclamavam existisse realmente, mas antes a lê-los com má vontade, como indícios de processos e práticas real-

---

[6] Mark Iunge et al, *Kak terror stal bol'shim: sekretnyi prikaz no. 00447 i tekhnologiia ego ispolneniia* (Moscow: AERO-XX, 2003); idem., *Vertikal' bol'shogo terror: istoriia operatsii po prikazu NKVD no. 00447* (Moscow: Novyi khronograf, 2008) ; Jörg Baberowski, *Der rote Terror: die Geschichte des Stalinismus* (Munich: Deutsche Verlags-Anstalt, 2003); idem, *Verbrannte Erde: Stalins Herrschaft der Gewalt* (Munich Beck, 2012).

POLÍTICA COMO PRÁTICA.

mente existentes que as lideranças deploram e procuram modificar. (Se, por exemplo, um decreto introduz punições draconianas para os trabalhadores que mudam de emprego por sua própria iniciativa, pode razoavelmente presumir-se que exista de facto uma mobilidade laboral em larga escala.) A mesma cautela é necessária a respeito das decisões de alto-nível sobre questões políticas. Tome-se o caso bem conhecido da proscrição de facções pelo Partido Comunista. Os académicos citaram frequentemente esta resolução como se ela realmente produzisse uma cessação da actividade facciosa no partido. No entanto, quem quer que preste atenção às *práticas* do partido no período de 1920-29 deve ter observado que as lutas de facções, especialmente na forma de lutas de sucessão, eram a essência da alta política desse período.

A minha proposta, que espero aplicar no livro que estou actualmente a escrever sobre Estaline e a sua equipa política, é trazer para a história política o género de análise das práticas que tem sido desenvolvida por historiadores sociais que estudam o quotidiano. A prática, como a ideologia, é um conceito escorregadio que tem sido entendido de maneira variada na imensidão de literatura teórica que lhe tem sido dedicada.[7] Eu definirei a prática simplesmente em termos da sua relação com a ideologia, tomando aquela

---

[7] E. g. Pierre Bourdieu, *Outline of a Theory of Practice*, trad.. Richard Nice (Cambridge: Cambridge University Press, 1977), Michel de Certeau, *The Practice of Everyday Life*, trad.. Steven Rendall (Berkeley: University of California Press, 1984), parte 2.

como sendo o que as pessoas fazem e esta como sendo o que elas pensam e dizem sobre o que fazem.[8] As práticas, portanto, são as coisas que as pessoas habitualmente fazem, as suas maneiras de agir no mundo. A política, perante isto, pode parecer a antítese do quotidiano, dado que a sua história tem sido tradicionalmente narrada como uma sequência de acontecimentos, com Grandes Homens como actores principais. Se considerarmos os géneros de práticas nos quais os historiadores do quotidiano têm estado mais interessados, contudo, o vivo contraste entre política e quotidiano começa a dissolver-se. Uma das principais escolas da investigação do quotidiano, a *Alltagsgeschichte* alemã, coloca uma grande ênfase nas práticas de resistência (especialmente no contexto do Terceiro Reich), um tópico que dificilmente pode ser visto como não-político.[9] A resistência tornou-se também um tópico importante na história soviética das últimas duas décadas.[10] Para ser exacto, há domínios

---

[8] Isto significa que, para os meus propósitos, "actos de discurso" [speech-acts] não são práticas. Isto não implica que se negue a utilidade deste conceito noutros contextos.

[9] Ver, por exemplo, Alf Luedtke, ed., *The History of Everyday Life*, trans. William Templer (Princeton, NJ: Princeton University Press, 1995).

[10] E. g. Sheila Fitzpatrick, *Stalin's Peasants. Resistance and Survival in the Russian Village after Collectivization* (New York: Oxford University Press, 1994); Lynne Viola, *Peasant Rebels under Stalin. Collectivization and the Culture of Peasant Resistance* (New York: Oxford University Press, 1996); Lynne Viola, ed., *Contending with Stalinism. Soviet Power and Popular Resistance in the 1930s* (Ithaca, N.Y.: Cornell University

do quotidiano que têm pouca ou nenhuma ligação com a política, tal como a amizade, a sociabilidade, ou as práticas sexuais. Mas os estudos dos historiadores sociais do "quotidiano" soviético têm sido marcados pela sua atenção ao Estado, ao contexto político e às práticas geradas por ou em reacção às práticas estatais.[11] Práticas como o patrocinato, estratégias de protecção mútua, denúncias, petições, "acção afirmativa" e purgas têm sido centrais nas recentes histórias sociais do período estalinista.[12]

Press, 2002); V. A. Kozlov, *Massovye besporiadki v SSSR pri Khrushcheve i Brezhneve* (Novosibirsk: Sibirskii khronograf, 1999); Jeffrey Rossman, "The Teikovo Cotton Workers' Strike of April 1932," *Russian Review* 56:1 (1997); "Resistance to Authority in Russia and the Soviet Union," special issue of *Kritika* 1:1 (2000).

[11] Robert W. Thurston's *Life and Terror in Stalin's Russia* (New Haven: Yale University Press, 1996) contém sete capítulos, dos quais cinco lidam com vários aspectos da política (alta política, polícia, terror). Sheila Fitzpatrick's *Everyday Stalinism. Ordinary Life in Extraordinary Times: Russia in the 1930s* (New York: Oxford University Press, 2000), tem oito capítulos dos quais três lidam com aspectos da política (alta política, vigilância, terror). Apenas Lebina tem um tema "quotidiano" mais convencional, tocando em tópicos tais como alcoolismo, crime, prostituição, religião, habitação, vestuário, lazer e vida privada. N. B. Lebina, *Povsednevnaia zhizn' sovetskogo goroda: normy i anomalii 1920-1930 gody* (St. Petersburg: "Neva," 1999).

[12] Sobre as práticas de patrocinato e petição, ver o número especial de *Contemporary European History* 11:1 (2002), ed. Győrgy Péteri, sobre "Patronage, Personal Networks, and the Party-State: Everyday Life in the Cultural sphere in Communist Russia and East Central Europe"; Sheila Fitzpatrick, *Tear off the Masks. Identity and Imposture in*

Twentieth-Century Russia (Princeton, NK: Princeton University Press, 2005), capítulos. 9-10 (pp. 155-202); James R. Harris, *The Great Urals. Regionalism and the Evolution of the Soviet System* (Ithaca, NY: Cornell University Press, 1999); e Golfo Alexopoulos, *Stalin's Outcasts: Aliens, Citizens, and the Soviet State, 1926-1936* (Ithaca, NY: Cornell University Press, 2003). Sobre denúncia, ver Sheila Fitzpatrick and Robert Gellately, eds., *Accusatory Practices. Denunciation in Modern European History, 1789-1989* (Chicago: Chicago University Press, 1997); Fitzpatrick, *Tear off the Masks*, chs. 11-12 (pp. 203-61); e François-Xavier Nérard, *Cinq pour cent de vérité: la dénonciation dans l'URSS de Staline, 1928-1941* (Paris: Tallandier, 2004). Sobre vigilância, ver V. S. Izmozik, *Glaza i ushi rezhima* (St. Petersburg: Izdatel'stvo Sankt-Peterburgskogo universiteta ekonomikii i finansov, 1995) e Fitzpatrick, *Everyday Stalinism*, cap. 8 (pp. 164-89), bem como Peter Holquist, "'Information is the Alpha and Omega of Our Work': Bolshevik Surveillance in its Pan-European Context," *Journal of Modern History* 69:3 (1997) para uma abordagem comparativa fora da história social. Sobre a acção afirmativa com base na classe, ver Sheila Fitzpatrick, *Education and Social Mobility in the Soviet Union, 1921-1934* (Cambridge: Cambridge University Press, 1979) e idem, *The Cultural Front. Power and Culture in Revolutionary Russia* (Ithaca, NY: Cornell University Press, 1992), pp. 149-8; na base da nacionalidade, ver Terry Martin, *The Affirmative Action Empire: Nations and Nationalism in the Soviet Union, 1923-1939* (Ithaca, NY: Cornell University Press, 2001). Sobre as purgas e *samokritika* como práticas culturais, ver Oleg Kharkhordin, *The Collective and the Individual in Russia* (Berkeley: University of California Press, 1999) e Igal Halfin, *From Darkness to Light: Class, Consciousness, and Salvation in Revolutionary Russia* (Pittsburgh: Universityof Pittsburgh Press, 2000); sobre a *samokritika* como prática política, ver Arch Getty, "Samokritika Rituals in the Stalinist Central Committee 1933-38," *Russian Review* 58:1 (1999).

Quer isto dizer que os historiadores sociais e do quotidiano já nos proporcionaram uma nova história política das práticas, embora sob um novo nome? Na verdade, não, porque apesar de algumas notáveis excepções,[13] os académicos que escrevem sobre as práticas quotidianas têm estado mais interessados em compreender o funcionamento da sociedade do que o funcionamento da política. Um exemplo extremo do que dissemos, sem dúvida, é o primeiro capítulo do meu próprio *Everyday Stalinism*, que apresenta longamente uma discussão das práticas políticas simplesmente como contexto de compreensão do social. Mas há muitos outros exemplos. Em *Accusatory Practices*, os escritores de denúncias russas/soviéticas estão todos eles preocupados primeiramente com o seu significado social. No seu estudo das petições de recuperação dos direitos políticos, Golfo Alexopoulos foca-se, de longe, mais sobre a questão essencialmente social da identidade do que no assunto essencialmente político da cidadania.[14] Por isso, o primeiro passo para uma nova história política que se apoie sobre os estudos existentes das práticas quotidianas é pensar como as questões podem ser relançadas se o objectivo primário for compreender a política mais do que

---

[13] E.g. James Harris, cuja exploração aprofundada em *The Great Urals* de práticas sócio-políticas como *semeistvennost'* e protecção mútua, bem como práticas puramente políticas como formas de pressão [lobbying] e manipulação da informação, é dirigida primeiramente para procurar entender o processo político; Arch Getty, "Samokritika rituals."

[14] Alexopoulos, *Stalin's Outcasts*.

a sociedade. No que diz respeito às denúncias e à redacção de petições, por exemplo, podemos começar por colocar questões sobre os canais de comunicação entre o cidadão e o Estado, e o modo como os actores políticos usaram a informação adquirida por esses meios. Os usos especificamente políticos da denúncia, por exemplo como arma na alta política ou como dispositivo de mobilização em episódios como as Grandes Purgas, podem ser privilegiados. No estudo das petições, a atenção pode passar dos cidadãos que as escreveram para os políticos que as receberam e por vezes agiram por causa delas. No estudo do patrocinato, similarmente, o foco pode passar de como a prática funcionava para os clientes para como ela funcionava para os patrocinadores, especificamente na esfera do patrocinato político (distinto dos patrocinatos social e quotidiano).

Abordagens à história das práticas políticas

Ao pensar sobre como escrever uma nova história política, um lugar para onde olhar é a ciência soviética. Nos anos 1990, um grupo de jovens historiadores da ciência russos começou a testar novas abordagens para a sua sub--disciplina – uma abordagem às "regras do jogo" nas relações entre o regime soviético e as profissões científicas.[15] Claramente, esta abordagem pode facilmente ser aplicada

---

[15] Alexei Kojevnikov, "Games of Stalinist Democracy: Ideological Discussions in Soviet Sciences 1947-52," em Sheila Fitzpatrick, ed., *Stalinism: New Directions* (London: Routledge, 2000); Nikolai

a qualquer área especializada de actividade onde os profissionais interagem com administradores e desenvolvem práticas que mimetizam as da esfera política, da música ao desporto passando pelo jornalismo. Mas existem também óbvias aplicações para a própria esfera política. Se as "regras do jogo" nos ajudam a entender o que acontecia entre políticos e cientistas, elas devem ser pelo menos igualmente úteis para explicar o que acontecia no obkom, no Comité Central, e no Politburo.

Em "Games of Stalinist Democracy", Kojevnikov discute práticas tais como a *diskussiia* "que se desenvolvia dentro do meio partidário e era então transferida para o mundo científico"[16]. Ele conclui que na sua aplicação nas ciências "uma coisa importante sobre este jogo era que, em teoria e frequentemente também na prática, os seus resultados não estavam predeterminados, mas *dependiam das jogadas.*"[17] A apoiar esta conclusão está um documento de 1949 que não estava disponível quando Kojevnikov escreveu o seu artigo: uma carta do recentemente aberto arquivo Estaline no qual ele instruía o jovem Iurii Zhdanov, dirigente do Sector Científico do Comité Central, sobre como jogar o jogo na fisiologia:

"Agora algo sobre as tácticas de luta com os opositores da teoria de Pavlov. É preciso que se juntem primeiro apoiantes do acadé-

---

Krementsov, *Stalinist Science* (Princeton, N.J.: Princeton University Press, 1997).
[16] Kojevnikov, "Games," 144.
[17] Ibid., 145 (itálicos meus)

mico Pavlov,[18] *organizá-los, distribuir papéis [raspredelit' roli], e só depois disso marcar o encontro [soveshchanie] de fisiologistas de que tens falado. Sem isso, a coisa toda pode correr mal... Seria bom estar assegurado o apoio de Vavilov e de outros académicos. Também seria bom ter o Ministro da Saúde, Smirnov, do teu lado."*[19]

Estes comentários são interessantes para um estudante da prática política de Estaline por várias razões. Em primeiro lugar, eles mostram Estaline articulando tácticas de luta política, o que é inusual na sua correspondência (quando ele estava a escrever para velhos irmãos de armas como Molotov ou Kaganovich, eram usualmente suficientes umas poucas palavras para transmitir a sua intenção). O seu passado como "um velho, experimentado lutador fraccionista [staryi, opytnyi fraktsioner]"[20] é evidente. Em segundo lugar, eles sugerem que Estaline viu o encontro de fisiologia como um sítio de genuíno conflito, quer dizer, com um desfecho que, na frase de Kojevnikov, "dependia das jogadas." (Isto é evidentemente uma constatação justa: o desfecho do encontro quando ele se realizou em Julho de 1950 parece ter sido mais como um empate do que como

---

[18] Estaline tinha evidentemente em mente o grupo em volta de L. A. Orbeli. Como qualquer protagonista nesta luta, Orbeli considerava-se a si mesmo um discípulo de Pavlov.
[19] RGASPI, f. 558, op. 11, d. 762, l. 25 (no ficheiro das cartas de Estaline para Malenkov, para quem Stalin reencaminhou uma carta não datada enviada para Iu. Zhdanov a 6 Outubro 1949).
[20] A descrição de Estaline feita por Lenine (início dos anos 20), relatada por Molotov: *Sto sorok besed s Molotovym: Iz dnevnika F. Chueva* (Moscow: Terra, 1991), 181.

vitória para o lado que Estaline favorecia.[21]) Em terceiro lugar, a *diskussiia* que estava a ser planeada aqui – o género esperado por todas as partes interessadas, sem um desfecho totalmente predeterminado, onde os "opositores" teriam a palavra mas onde iriam ser estrategicamente manobrados [*outmaneuvered*] pelas artimanhas e organização superiores – era, em 1947, uma forma que tinha passado de moda no que dizia respeito ao partido. Houve *diskussii* partidárias como esta ao longo de todos os anos 1920, quando as lutas sobre a orientação política [*policy*] (e a facção) eram ainda conduzidas em semi-público, i.e. em congressos e conferências do partido. Mas isso essencialmente acabou com a vitória de Estaline sobre a Direita em 1929-30. Na carta de Estaline para o joven Zhdanov, há quase uma nota de nostalgia sobre os bons velhos tempos das lutas de facções do partido contra opositores que mereciam esse nome.

Reflectindo sobre os propósitos do encontro de fisiologia, David Joravsky sugeriu que a estratégia do regime (ou de Estaline) era em tais situações complexa: por um lado, impor a ortodoxia desejada, por outro lado, encorajar a

---

[21] No encontro, Orbeli montou uma defesa vigorosa da sua posição e do valor do argumento científico livre e recusou, apesar dos fortes ataques de concorrentes pelo legado de Pavlov, oferecer uma auto-crítica conveniente, e a sua teimosia impediu o encontro de chegar a qualquer resolução clara. Orbeli pagou por isto, contudo, perdendo as suas posições administrativas e o estatuto como líder na área. Para avaliações detalhadas, ver David Joravsky, *Russian Psychology. A Critical History* (Oxford: Basil Blackwell, 1989, 406-14), Krementsov, *Stalinist Science*, 272-4.

aparência de uma discussão livre.[22] Isto pode ter sido assim no que respeita às *diskussii* dos cientistas (embora não haja nenhuma insinuação nos comentários de Estaline de que ele quisesse algo mais complicado do que uma vitória para o lado que apoiava). Mas isso teria sido certamente uma interpretação implausível das *diskussii* do partido dos anos 1920. A contestação genuína que aí tinha lugar, com os seus desfechos incertos, era algo que Estaline tinha que tolerar, não algo que desejasse. O seu *modus operandi* preferido, tal como indica a sua carta para Iurii Zhdanov, era arranjar as coisa de maneira a que o conflito real, aberto, fosse evitado e que a resolução correcta fosse garantida de início. Sem uma cuidadosa organização prévia, "a coisa toda pode correr mal". É verdade que ele por vezes usava as discussões para desmascarar um opositor ou para descobrir até quão longe ele estava preparado para ir, mas há ainda poucas provas de que ele visse quaisquer benefícios positivos na oposição. "Ele não teria encarado [*put up*] nenhuma oposição se tal tivesse disso possível," disse Molotov de Lenine;[23] o mesmo podia ser dito de Estaline, com a diferença de que após 1930 Estaline atingiu mais ou menos este objectivo no que respeita à política interna do partido.

Tudo isto sugere um número de possíveis linhas de investigação para os historiadores políticos, começando pelas regras do jogo nas *diskussii* partidárias dos anos 1920.

---

[22] Joravsky, *Russian Psychology*, 406.
[23] Feliks Chuev, *Molotov: Poluderzhavnyi vlastelin* (Moscow: OLMA-PRESS, 2000), 243.

POLÍTICA COMO PRÁTICA.

Por causa da imprensa relativamente livre da época e do arquivo Trotsky em Harvard, já temos alguns bons estudos acerca disto. Mas agora temos um património de novo material arquivístico como base para estudar as práticas políticas dos anos 1920. Por exemplo, a correspondência de Estaline e Molotov, que é vasta e bem preservada para meados e finais dos anos 1920, tem como preocupação principal as tácticas de luta com oposições sucessivas. Um segundo tópico de investigação podem ser as mudanças nas regras nos anos 1930. A abolição das facções partidárias na vida real (alcançada ao tornar as penalizações para a actividade fraccionária assustadoramente elevadas) não eliminou a política, mas certamente mudou a natureza e as regras do jogo. Uma terceira linha de pesquisa, talvez apenas uma nota de rodapé para os historiadores políticos contrariamente aos historiadores culturais ou científicos, diz respeito a essa curiosa ponta solta da re-emergência no contexto da ciência do pós-guerra de *diskussii* cujos desfechos não eram totalmente determinados. *Pace* Kojevnikov, isto não é uma simples questão de tomar de empréstimo formas partidárias, dado que as *diskussii* partidárias (de qualquer modo, raramente, se alguma vez, realizadas nos anos 1940) não tinham mais o resultado em aberto. Porquê imitar uma forma de uma fase anterior da vida partidária, e porque não fazê-lo apenas na ciência?[24] Podemos postular

---

[24] Nas artes, as *diskussii* dos fins dos anos 1940 parecem ter sido ocasião para disciplinar profissões mais do que ocasiões de um debate real. Se os seus desfechos dependeram "das jogadas", tal foi apenas

alguma espécie de intenção, como Joravsky sugere? Ou, pelo contrário, algum género de explicação estrutural, talvez relacionada com a crescente importância dos cientistas para o Estado?

Até recentemente, as nossas impressões em primeira mão da alta política estavam limitadas às memórias de Mikoian, Khrushchev, e Djilas.[25] Os volumes recentemente publicados de correspondência entre líderes políticos do período estalinista[26] – bem como cartas que permaneciam

---

na medida em que alguns dos criticados saíram mais danificados (menos bem sucedidos na sua jogada de auto-crítica) do que outros.

[25] Sobre os anos 1920: A. I. Mikoian, *Mysli i vospominaniia o Lenine* (Moscow: Politizdat, 1970); *Dorogoi bor'by*, kn. 1 (Moscow: Politizdat, 1971); *V nachale dvadtsatykh...* (Moscow: Politizdat, 1975). (Note-se que uma nova e valiosa memória escrita por Mikoian sobre os anos de Estaline emergiu no periodo pós-soviético: Anastas Mikoian, *Tak bylo. Razmyshleniia o minuvshem* [Moscow: Vagrius, 1999].) Sobre o período estalinista (sobretudo no pós-guerra): N. S. Khrushchev, *Khrushchev Remembers*, trad. e ed. Strobe Talbott (Boston: Little, Brown, 1970), *Khrushchev Remembers. The Last Testament*, trad. e ed. Talbott (Boston: Little, Brown, 1974), e finalmente *Khrushchev Remembers. The Glasnost Tapes*, trad. e ed. Jerrold L. Schecter (Boston: Little, Brown, 1990); Milovan Djilas, *Conversations with Stalin* (New York: Harcourt, Brace, 1962)

[26] *Pis'ma I. V. Stalina V. M. Molotovu 1825-1936 gg*, L Kosheleva et al, comp. (Moscow: "Rossiia molodaia," 1995); *Stalin i Kaganovich. Perepiska, 1931-1936 gg.* , comp. O. V. Khlevniuk et al. (Moscow: ROSSPEN, 2001); *Dimitrov and Stalin, 1934-1943. Letters from the Soviet Archives*, Alexander Dallin e F. I. Firsov, eds. (New Haven: Yale University Press, 2000); *Bol'shevistskoe rukovodstvo. Perepiska. 1912-*

inéditas nos arquivos – tornou possível pensar na base de dados empíricos sobre as maneiras pelas quais Estaline manipulou os seus colaboradores, eles o manipularam a ele e todos se manipularam uns aos outros. Nas interacções com Estaline, podemos ver a camaradagem casual dos anos 1920 dar lugar a uma maior formalidade e deferência. Mikoian, por exemplo, usava o familiar "ty" e dirigia-se a ele como "Caro Soso" nos anos 1920, mas em 1946 ele dirigia-se a ele como "Camarada Estaline" e agradecia-lhe além disso a sua "liderança paternal".[27] Molotov, embora nunca tão abjectamente deferente como Mikoian, também largou "Caro Koba" como saudação e abandonou o familiar "ty" nos anos 1940.[28] Relativamente às relações entre líderes, vemos Voroshilov a escrever de Sochi para Ordzhonikidze (o favorito de toda a gente) em Outubro de 1928 perguntando-lhe pela verdade crua acerca das

---

1947, A. V. Kvashonkin et al, comp. (Moscow: ROSSPEN, 1996); *Sovetskoe rukovodstvo. Perepiska 1928-1941*, A. V. Kvashonkin et al, comp. (Moscow: ROSSPEN, 1999). Ver também a correspondência de Estaline com a sua esposa (Allilueva) e outros em *Iosif Stalin v obyatiiakh sem'i: iz lichnogo arkhiva*, comp. Iu. G. Murin (Moscow: Rodina, 1993).

[27] RGASPI, f. 558, op. 11, d. 765 (Correspondência de Estaline com A. I. Mikoian).

[28] Estaline iniciou esta mudança, que ocorreu no fim de 1945 em conexão com uma zaragata desagradável sobre as alegadas tentativas de Molotov em atrair os favores da imprensa estrangeira: RGASPI, f. 558, op. 121, d. 99, ll. 120, 127, 167 (ficheiro da correspondência de Estaline durante as suas férias, 1945).

medidas disciplinares no comité partidário de Moscovo, que "caía como neve na minha cabeça", e novamente umas semanas mais tarde agradecendo-lhe a resposta sincera.[29] Mas isto teria provavelmente sido um comportamento imprudente poucos anos mais tarde por causa da acentuada desconfiança de Estaline acerca de qualquer gesto que remotamente aparentasse uma facção a nascer. As conversas telefónicas presumivelmente tornaram-se igualmente constrangidas, embora até agora não pareçam ter emergido nenhuns registos de intercepções telefónicas, ao contrário da perlustração de cartas.[30]

Tal como o trabalho de Khlevniuk torna claro, na vida real a diferença entre "o Politburo" e o círculo íntimo de Estaline era vaga. Alguns membros formais do Politburo viam-se a eles próprios excluídos do grupo favorecido (vulgarmente conhecido como "semerka", "deviatka", etc.) que era convidado para os encontros do Politburo, enquanto

---

[29] Cartas de 29 de outubro e 9 de novembro de 1928, em *Sovetskoe rukovodstvo*, 53-4, 57.

[30] Sobre perlustração, ver Izmozik, *Glaza*. Molotov contou a Chuev que "na minha opinião eles tiveram o meu telefone sob escuta toda a minha vida. Os chekistas contaram-me, eu não confirmei. Simplesmente sem nenhum propósito particular, por simples rotina." (*Sto sorok besed*, 314) Talvez registos telefónicos ainda existam algures nos arquivos do FSB. Na Itália fascista do mesmo período, tais registos sobreviveram (e mostram que mesmo as conversas telefónicas de Mussolini eram escutadas): ver . J.B. Bosworth, *Mussolini* (London: Arnold, 2002), 277, citando U. Guspini, *L'orecchio del regime: le intercettazioni telefoniche al tempo del fascismo* (Milan, 1973).

outros que não eram membros formais eram cooptados. "Há sempre um grupo dirigente no Politburo. Digamos, com Estaline, nem Kalinin, nem Rudzutak, nem Kosior, nem Andreev pertenciam a ele. Materiais sobre vários assuntos eram enviados para os membros do Politburo. Mas todas as questões mais importantes eram decididas pelo grupo dirigente... Era a mesma coisa sob Lenine."[31]
As práticas de exclusão eram uma importante parte das lutas de facções dos anos 1920, mas sobreviveram até muito mais tarde.[32] Estes eram essencialmente os jogos de Estaline, na medida em que era ele quem excluía e cooptava; e ele jogava-os não só a respeito dos encontros do Politburo mas também com respeito aos convites para as festas nocturnas na dacha e as projecções de filmes onde o círculo íntimo se reunia. Para o fim da sua vida, contudo, parece que a sua gestão do jogo da exclusão pode ter vacilado. Quando, em 1952, ele retirou Molotov e Mikoian do Bureau do Presidium (a versão remodelada do Politburo), embora não do próprio Presidium – uma reacção estranhamente inadequada, dada a sua sugestão de que eles eram espiões britânicos, – os dois não aceitaram imediatamente a

---

[31] *Sto sorok besed*, 424. Para outros testemunhos de efeitos similares, ver *Stalinskoe politbiuro v 30-e gody: sbornik dokumentov*, comp. O.V. Khlevniuk et al. (Moscow: AIRO-XX, 1995), 88-9; Khlevniuk, *Stalin i Ordzhonikidze*, 89-95.

[32] Acerca dos agrupamentos entre a liderança no periodo do pós--guerra, ver Yoram Gorlizki, "Stalin's Cabinet: the Politburo and Decision-Making in the Postwar Years," *Europe-Asia Studies* 53:2 (2001), 292-4.

sua exclusão do círculo íntimo: com a cooperação de outros membros do Presidium, eles continuaram a aparecer nas projecções de filmes e nos encontros na dacha por algum tempo até que Estaline finalmente conseguiu impedi-los.[33]

Isto conduz-nos até ao plano dos jogos jogados não por Estaline, mas pelos seus colaboradores e subordinados. Como manobrar Estaline, tanto para assegurar a sua boa-vontade continuada, quanto para fazer aquilo que se queria fazer, era claramente uma arte que estes cortesãos precisavam de dominar. Mas estes eram também jogos que não envolviam Estaline, e que de facto se esperava que estivessem fora do seu campo de visão: por exemplo, aqueles que envolviam protecção e promoção para "o povo próprio de cada um." Práticas de "semeistvennost" (redes de protecção mútua), protecção de subordinados, e trazer consigo um "cortejo" de protegidos quando se tomava posse de um novo posto, todas floresceram nas organizações provinciais do partido nos anos 1930 e foram severamente criticadas durante as Grandes Purgas.[34] Depois da guerra, práticas similares apareceram no centro, mesmo no círculo íntimo. De facto, a suspensão da política de facções característica dos anos 1930 parece ter sido derrubada no período do pós-guerra: por exemplo, com o bem conhecido conflito Malenkov-Zhdanov, que parece ser mais inteligível em termos de redes de patrocinato concorrentes do que em

---

[33] *Khrushchev Remembers*, 309-10.
[34] Ver, por exemplo, James Harris, *Great Urals*, 156-63; Fitzpatrick, *Everyday Stalinism*, 195-6.

termos de assuntos ou afiliações burocráticas.[35] As regras do jogo mudaram novamente – e provavelmente não como resultado da intenção de Estaline.

Era uma especulação razoável, antes de abertos os arquivos, dizer que a alta política dos anos 1930 era explicável em termos de algum género de luta de facções oculta;[36] afinal, quase toda a política tem uma base assim. Khlevniuk, usando arquivos, argumentou convincentemente que a alta política dos anos 1930 foi uma excepção, basicamente livre de facções[37] – o que, é claro, nos deixa com a questão acerca de que tipo de práticas e jogos políticos tomaram o

---

[35] Pikoia, identificando os dois agrupamentos básicos do pós-guerra como sendo Zhdanov-Kuznetsov e Malenkov-Beria, não estava certo de como classificar este fenómeno: "a liderança do partido, que no seu X Congresso condenou o fraccionismo, continuava a ser fraccionária. Mas estes grupos dentro da nomenklatura mascaravam-se a si mesmos cuidadosamente. As razões que uniam as pessoas em grupos (gruppirovki) não são sempre evidentes. Contudo, sem estudar os interesses de grupo que existiam dentro do mais alto zveno da nomenklatura estatal-partidária, sem uma análise da sua luta mútua, não raramente no seu pleno sentido sangrento, as suas alianças, por vezes parecendo não naturais, é impossível compreender a história do regime na URSS do pós-guerra." R. G. Pikhoia, *Sovetskii soiuz: Istoriia vlasti 1945-1991* (Moscow: Izdatel'stvo RAGS, 1998), pp. 56-74, 96 (citação da p. 56).

[36] Para uma especulação sobre a existência de uma moderada facção de Zhdanov na liderança nos anos 1930, ver J. Arch Getty, *The Origin of the Great Purges: The Soviet Communist Party Reconsidered, 1933-1938* (Cambridge: Cambridge University Press, 1995), 199-201

[37] Khlevniuk, *Politbiuro*, 94 e 168-8

seu lugar. A correspondência entre Estaline e Molotov é particularmente interessante a este respeito. Na segunda metade dos anos 1920, as lutas de facções eram o maior tópico, reflectindo presumivelmente o sentido que tinham os dois líderes da sua centralidade no processo político. Quando essas lutas esmoreceram, a nova preocupação que parece ter preenchido o vazio foram os julgamentos encenados, discutidos não somente como propaganda mas também como uma continuação das antigas lutas de facções. Parte destes julgamentos encenados foram realizados no final dos anos 1920 e início dos anos 1930, começando com o julgamento de Shakhty em 1928; e os académicos que os estudaram nos anos 1970 notaram que as acusações contra os especialistas que não eram do partido eram [usadas] também para denegrir a Direita por associação.[38] O novo discernimento que emerge da correspondência Estaline-Molotov é que, começando em 1930 (depois da derrota da última facção de oposição), os julgamentos foram usados tanto para desacreditar velhos opositores, como para intimidar os membros da nova liderança.

Inicialmente, Molotov obviamente pensou nos julgamentos encenados como um exercício de propaganda, tendo os especialistas como o público mais directamente visado.[39] Quando Estaline lhe disse, em 1930, para fazer cir-

---

[38] Ver Sheila Fitzpatrick, ed., *Cultural Revolution in Russia, 1928-1931* (Bloomington, Ind.: Indiana University Press, 1978), 12-17.
[39] RGASPI, f. 558, op. 11, d. 767, ll. 87-88 (fundo Stalkine: carta de Molotov para Estaline sobre o julgamento de Shakhty, 13 de junho

cular as confissões do grupo Groman-Kondratev[40] por todos os membros do Comité Central, Molotov entendeu-o como tendo unicamente a intenção de demonstrar (nas palavras de Estaline) "um *vínculo directo* entre estes senhores e os direitistas" e implicar oposicionistas desacreditados como Sokolnikov. Mas uma das confissões também implicou um membro do Politburo supostamente ainda com boa reputação, nomeadamente Kalinin. Molotov ao primeiro assumiu que esta "denigração" do nome de Kalinin não devia ser incluída nos documentos postos a circular.[41] Não, ripostou Estaline, envia *todas* as confissões para os membros do Comité Central: "não pode haver dúvidas de que

---

de 1928). Poucas das cartas que Estaline presumivelmente escreveu para Molotov em 1928 foram preservadas neste ficheiro, por isso não temos comentários dele aqui.

[40] G. Groman, um antigo menchevique, e N. D. Kondratev, um antigo socialista-revolucionário, eram alegadamente parte de uma rede contra-revolucionária nos comissariados económicos que organizou um oposicionista Partido Trabalhista-Camponês que iria encabeçar um futuro governo estabelecido depois de insurreição. Ver *Stalin's Letters to Molotov*, 191-3. O julgamento (conhecido como o "julgamento menchevique") teve lugar entre 1 e 8 de março de 1931: ver Naum Jasny, *Soviet Economists of the Twenties: Names to be Remembered* (Cambridge: Cambridge University Press, 1972).

[41] *Pis'ma I. V. Stalina V. M. Molotovu*, 194 (Estaline para Molotov, 2 de agosto de 1930); RGASPI. f. 558, op. 11, d. 769, l. 10 (Molotov para Estaline, 11 de agosto 1930). O tópico continuou a ser discutido : qv as cartas de Estaline para Molotov de 2 e 22 de setembro de 1930 e as cartas de Molotov para Estaline de 30 de agosto e inícios de setembro: *Pis'ma* 211, 224; RGASPI, f. 558, op. 11, d. 769, ll. 22-23, 26-30.

Kalinin pecou. Tudo o que foi dito de Kalinin nas confissões é a pura verdade. O Comité Central deve ser absolutamente informado, para ensinar a Kalinin que não deve envolver-se com velhas raposas no futuro."[42] Uma semana mais tarde, Estaline levantou a questão da implicação de Rykov bem como de Kalinin.[43] Outra semana, e novas confissões implicaram M. N. Tukhachevsky, Chefe do Estado-Maior do Exército, mas Estaline decidiu não prosseguir isto convictamente; nessa altura, depois de um encontro face-a-face na presença de Estaline com os seus acusadores detidos, Ordzhonikidze e Voroshilov, as acusações foram julgadas infundadas.[44]

Que os julgamentos encenados permaneceram um local de litígio da alta política é sugerido pelo caso "Komunar" no outono de 1933. Num julgamento encenado julgado por Vyshinsky no Supremo Tribunal, directores da fábrica "Komunar" de Kharkov e outros gestores económicos foram acusados de terem falhado no cumprimento de ordens estatais por motivo de conspiração. Quando Vyshinsky relatou este julgamento no Politburo (o que sucedeu durante a ausência de Estaline no sul), ele não só atirou as culpas para os gestores locais como também para duas importantes entidades burocráticas centrais e os seus líderes, o Comissariado do Povo (= Ministério) da Indústria pesada (encabeçado por Ordzhonikidze) e

---

[42] *Pis'ma.*, 198 (carta não anterior a 23 de agosto de 1930).
[43] Ibid., 211 (carta para Molotov, 2 de setembro de 1930).
[44] Khlevniuk, *Politbiuro*, 36-7.

o Comissariado do Povo da Agricultura (encabeçado por I. A. Iakovlev). Ordzhonikidze e Iakovlev ficaram furiosos, criticando a própria ideia de um julgamento encenado quando não havia delitos criminais para formular a acusação, e o Politburo censurou Vyshinsky. Quando Estaline ouviu isto, ele ficou indignado, classificando o comportamento de Ordzhonikidze e Iakovlev como "anti-partido" e queixando-se a Molotov de que Kaganovitch "decepciounou[-nos]". "É triste que Kaganovitch e Molotov não se tenha erguido contra o massacre [naskok] burocrático de Narkomtiaz[prom]," escreveu num protesto enviado para Kaganovich e outros membros do Politburo. Molotov, olhando pelos seus negócios [minding the shop], ficou mortificado por este episódio, dizendo que ele devia ser uma lição "para nós e particularmente para mim", mesmo que ainda considerasse que o julgamento "não correu assim muito mal". Apesar do aborrecimento de Estaline, parece que a censura do Politburo não foi revogada.[45]

Este episódio é particularmente instrutivo porque introduz uma das práticas básicas da política soviética: a defesa do interesse institucional, representada neste caso pelo "massacre burocrático" feito por Ordzhonikidze e Iakovlev

---

[45] *Stalin i Kaganovich*, 315 (Kaganovich para Estaline, 26 de agosto de 1933), 318 (Estaline para Kaganovich, Molotov, e Ordzhonikidze, 29 de agosto de 1933; *Pis'ma*, 247 (Estaline para Molotov, 1 de setembro de 1933) e 248-9 (Estaline para Molotov, 12 de Setembro de 1933; RGASPI, f. 558, op. 11, ll. 126-9 (Molotov para Estaline, 8 de setembro de 1933). O contexto é facultado em Khlevniuk, *Stalin i Ordzhonikidze*, 34-6, e *Pis'ma*, 247 (n. 2).

em resposta às críticas às agências governamentais que eles dirigiam. Na teoria da política soviética, a representação de interesse institucional era não-existente. Na sua prática, porém, ela era visível e tomada por garantida desde os primeiros anos. A história da política educativa nos anos 1920 e no início dos anos 1930, por exemplo, estava marcada por uma série de conflitos de prerrogativas [turf battles] perversas e debates de princípio entre o Comissariado do Povo da Educação (Narkompros), a Organização Juvenil Comunista (Konsomol), e o Conselho Superior para a Economia Nacional (Vesenkha), e outras instituições;[46] e o mesmo género de lutas pode sem dúvida ser encontrado em todas as agências governamentais. O interessante é que, ao contrário da política de facções, a política burocrática e a defesa do interesse burocrático sobreviveu à "Grande Viragem" de 1929 quase intocada.[47] Embora *vedomstvennost'* (acções governadas pelo interesse institucional) e *vedomstvennye interesy* (interesses institucionais) fossem termos de opróbrio (tal como o foram desde a Revolução), a defesa de tais interesses na prática era apesar de tudo aceitável – dentro de limites – sob as regras estalinistas do jogo. De facto, o interesse institucional partilhado era provavelmente a

---

[46] Ver Sheila Fitzpatrick, *The Commissariat of Enlightenment: Soviet Organization of Education and the Arts under Lunacharsky, 1917-1921* (London: Cambridge University Press, 1970), e idem, *Education and Social Mobility*, passim.

[47] Este é um tema capital no trabalho recente de Khlevniuk. Ver, por exemplo, Khlevniuk, *Politbiuro*, 79-94.

única base tolerada de alianças entre os membros do Politburo a propósito de assuntos particulares de orientação política após 1929.[48]

O mais notável praticante de política burocrática nos anos 1930 era Ordzhonikidze,[49] em parte por causa do seu temperamento, em parte porque a agência que ele encabeçava era uma das mais poderosas e importantes para o Estado durante os primeiros dois Planos Quinquenais. Frequentemente a liderar as forças do outro lado estava Molotov – também actuando em termos de um interesse burocrático, pois era tarefa da instituição por ele encabeçada, o Conselho Soviético dos Comissariados do Povo (Sovnarkom), juntamente com a Comissão de Planeamento Estatal (Gosplan), assegurar que a indústria não recebia mais do que a sua parcela de alocações orçamentais e resistir à sua tendência de açambarcamento.[50] Kaganovich, que Estaline esperava que se fosse manter firme contra os defensores dos interesses dos gestores económicos (*khoziaistvenniki*) no caso "Komunar", foi ele próprio muito tempo um *khoziaistvennik* tanto quanto secretário do Comité Central. Numa

---

[48] Esta generalização aplica-se sobretudo aos anos de 1930. A situação do pós-guerra, quando os membros dirigentes do Politburo parecem ter tido compromissos mais frágeis com ramos particulares da burocracia, é menos claro para mim.
[49] Ver Sheila Fitzpatrick, "Ordzhonikidze's Takeover of Vesenkha, 1930: A Case Study in Soviet Bureaucratic Politics," *Soviet Studies* 37:2 (1985).
[50] Feliks Chuev, *Kaganovich. Shepilov* (Moscow: OLMA-PRESS, 2001), 175-6.

conversa nos anos de velhice com Felix Chuev, ele contestou a noção que ele e Molotov eram inimigos. As relações entre eles eram boas, disse, enquanto ambos estivessem a trabalhar no Comité central, quer dizer, enquanto tivessem interesses não-divergentes.

"... *Mas quando ele se tornou presidente do Sovnarkom e eu me tornei ministro [sic] dos transportes, então nós discutimos sobre questões de negócios. Eu queria mais linhas férreas, mais investimento de capital, e Mezlhauk, presidente do Gosplan, não mos iria dar, e Molotov apoiou Mezhlauk.*"

Ordzhonikidze também lutou com Molotov sobre o investimento de capital; o mesmo fez Khrushchev, para favorecer Moscovo. Estava na natureza das coisas, Kaganovich insistia: "desacordos de negócios."[51]

De facto, Kaganovich e Ordzhonikidze actuaram provavelmente juntos com frequência, mais ou menos através de acordo prévio, tal como no caso "Komunar" acima citado.[52] O entendimento que tinha Molotov dos *khoziaistvenniki* como um grupo de interesses peremptório, inclinado a entrar em conflito com agências estatais de todos os géneros, reflecte-se no seu comentário a Estaline acerca da deferência de Kalinin em relação a eles: "Tu conheces Kali-

---

[51] Ibid., 76-77.
[52] Ver, por exemplo, a nota de Kaganovich para Orzhonikidze de 2 de agosto de 1932 que torna claro que Kaganovitch (então Comissário dos Transportes) e Ordzhonikidze (Comissário da Indústria Pesada) estavam a agir como aliados em questões orçamentais: *Stalinskoe politbiuro*, 126 .

nin nestas matérias - ele é sempre «pelos *khoziaistvenniki*», [afirmando que eles são] «mal tratados» pelos tribunais e pelo RKI [Inspecção dos Trabalhadores e Camponeses]..."[53]

Políticas de transição: reescrevendo as regras

Os historiadores políticos geralmente lidam com a prática quotidiana da política, onde as rotinas regulares prevalecem e as regras do jogo são mais ou menos fixas (embora sempre sujeitas a evolução e adaptação). Há momentos históricos, contudo, quando tal abordagem é inadequada por causa de reviravoltas súbitas, radicais das convenções estabelecidas. Tais momentos ocorrem tipicamente como resultado de revoluções ou outras formas de colapso do regime. Eles são, é claro, particularmente fascinantes para os historiadores e os cientistas políticos porque estes são os tempos quando as regras estão a ser repensadas e re--escritas, quando a definição do próprio jogo é posta à prova [*up for grabs*]. 1917 foi um desses momentos históricos, 1991 outro. Esta secção final do artigo irá reflectir sobre as "políticas de transição" na história soviética, tomando como ponto de partida a abordagem de um cientista social, Michel Mcfaul, à transição que se seguiu ao colapso da União Soviética.[54]

---

[53] RGASPI, f. 558, op. 11, d. 769, ll. 126-9 (carta de 8 de setmebro de 1933).
[54] Michael McFaul, *Russia's Unfinished Revolution. Political Change from Gorbachev to Putin* (Ithaca, N.Y.: Cornell University Press, 2001).

O colapso soviético deu origem não só a um novo Estado, a Federação Russa, como também a uma nova sub-disciplina da ciência política, transitologia, o estudo das transições políticas. Enquanto objecto de estudo, "transições" e o tema mais familiar "revoluções" têm muito em comum, tal como é reconhecido pela inclusão da palavra "revolução" nos títulos de dois importantes estudos de ciência política da transição russa dos anos 1980 e 90.[55] Os aspectos prescritivos da transitologia – como atingir o género de transição desejado pelos transitologistas, quer dizer, a transição para a democracia – tem uma relevância bastante limitada para os historiadores soviéticos. Quando o foco muda para a reescrita das regras do jogo em momentos de transição política, todavia, os historiadores podem encontrar algumas indicações metodológicas interessantes. A premissa de McFaul é que em momentos de ruptura política e institucional, as velhas "regras do jogo" são repudiadas e novas têm que ser elaboradas, um processo que não é facilmente concretizado mas é essencial para a coerência política e o funcionamento efectivo do Estado. Ele vê a *perestroika* de Gorbatchev a fracassar em "ditar... as novas regras do jogo a partir de cima" porque ele "excluiu interesses capitais do plano do processo" e os anos iniciais de Yeltsin atormentados pela "incerteza sobre as regras políticas do jogo" e pela inabilidade em criar um consenso entre os actores

---

[55] McFaul, *Russia's Unfinished Revolution*; Jerry F., Hough, *Democratization and Revolution in the USSR 1985-1991* (Washington, DC: Brookings, 1997).

políticos acerca delas. Só após a vitória de Yeltsin sobre os seus opositores em 1993, MacFaul argumenta, é que novas regras – elaboradas por Yeltsin mas aceites por várias razões pela maioria dos seus opositores – foram finalmente estabelecidas.[56]

Os historiadores que estudam as revoluções focam-se frequentemente nas declarações ideológicas em concorrência dos revolucionários. Isto diz-nos muito sobre os revolucionários mas não tanto assim sobre os novos processos políticos que eles estão a montar, os quais são para eles próprios em muitos casos irreconhecíveis (para usar um termo de Bourdieu). Uma abordagem das "regras do jogo" – particularmente se for dirigida para as regras inescritas da prática, mais do que para documentos formais como as constituições – pode ser um complemento útil. Peguemos no caso do recrutamento de pessoal administrativo: quem tem que gerir o novo Estado a nível central e local. Os bolcheviques referiram-se escassamente a este assunto crucial em termos teóricos durante os primeiros anos do poder soviético porque não aceitavam completamente que a administração pudesse ser um emprego a tempo inteiro mais do que uma actividade democrática a tempo parcial. Eles seguiam simplesmente a regra geral que, sempre que possível, os homens do Exército Vermelho e "trabalhadores das bases" (também preferencialmente homens) deveriam fornecer de pessoal a administração. Assim, quase sem declarações teóricas, eles tinham uma

---

[56] McFaul, *Russia's Unfinished Revolution.*, 57-8, 200, 348-9.

nova prática: *vydvizhenie* (literalmente, promoção a partir das classes inferiores).

A discriminação contra os "inimigos de classe", o inverso da *vydvizhenie* proletária, estava prevista na Constituição da URSS de 1918, a qual exonerava certas categorias de cidadãos ("não-trabalhadores") do direito de voto. Mas a prática ultrapassou a ideologia articulada, quando os órgãos do Estado revolucionário começaram a discriminar com base na classe na distribuição de rações, na admissão ao ensino superior, nas sentenças judiciais, na atribuição de habitação, e por aí fora. De maneira similar, a prática ultrapassou a teoria com respeito à ilegalização de partidos políticos (não-bolcheviques). A recusa pessoal de Lenine em negociar com não-bolcheviques foi importante, tal como foi a prática da *Cheka* de prender líderes de partidos políticos não-bolcheviques numa base arbitrária (quer dizer, sem tomar em consideração a existência de acções "contra-revolucionárias"). As figuras políticas não-bolcheviques eram evitadas pelos bolcheviques bem antes de serem oficialmente excluídos da lista de actores políticos. Isto foi muito antes da liderança bolchevique adoptar o princípio do Estado de um só partido (isto se de facto eles chegaram a fazê-lo: o exemplo da Europa de Lesta do pós-guerra sugere a tolerância soviética relativamente à forma, embora não à substância, de um estado multipartidário.)

Para evitar possíveis incompreensões, devo enfatizar que nos casos acima descritos, não estou a avançar com uma justificação para a contingência ou para as consequências imprevistas. A contingência é importante, é claro, e as consequências imprevistas ocorrem. Mas eu menciono estes casos particulares para recordar que as intenções podem ser expressas na acção antes de serem articuladas no discurso, ou mesmo antes de serem completamente reconhecidas como intenções pelos actores em causa. Assim, as práticas de *vydvizhenie* dos bolcheviques foram percursoras para qualquer crença formulada sobre o assunto; e quando uma ideologia de *vydvizhenie* emergiu, ela foi moldada pela prática pré-existente. O mesmo é verdadeiro para a descriminação e o evitamento de não-bolcheviques.

1917 e 1991 não foram os únicos momentos de transição radical na história soviética, quando as regras políticas foram, em maior ou menor medida, reescritas numa atmosfera de crise. Outros tempos assim foram 1927-30, quando as regras da ditadura estalinista estavam a ser instaladas, e 1953-56, quando os sucessores de Estaline estavam a tentar elaborar novas regras para o funcionamento do velho sistema. Num sentido mais estreito, 1937 (uma suspensão unilateral das regras relativas à segurança dos membros da elite política) e 1945 (uma reconsideração das regras relacionada com as novas circunstâncias de vitória militar, império europeu, e estatuto de superpotência) podem também ser qualificados como momentos transicionais.

As mudanças na prática política associada com a consolidação do poder de Estaline no final dos anos 1920 foram bem documentadas pelos académicos antes mesmo de serem abertos os arquivos,[57] em parte porque as vítimas destas mudanças (os opositores de Estaline) deixaram relatos vívidos das práticas "extraordinárias", "sem precedentes na história do partido", às quais foram sujeitos.[58] De facto, mesmo estes protestos não eram desconhecidos anteriormente: apesar de serem revolucionários, os velhos bolcheviques dos anos 1920 eram notavelmente inclinados a invocar precedentes nos argumentos políticos dos anos 1920, especialmente depois da morte de Lenine. Numa idade avançada, ao menos como foi reportado por Chuev, Molotov riu-se de qualquer sugestão sobre as regras do jogo de Lenine permitirem uma maior expressão de dissidência dentro do partido do que as de Estaline.[59] Ainda assim, houve inovações muito importantes na prática da alta política no final dos anos 1920, incluindo a abolição de facções – na prática, não só em princípio – e o uso da OFPU contra os opositores políticos. Um quarto de século

---

[57] e.g. Isaac Deutscher, *The Prophet Unarmed: Trotsky, 1921-1929* (London: Oxford University Press, 1959); Michal Reiman, *The Birth of Stalinism: the USSR on the Eve of the "Second Revolution"*, trad. George Saunders (Bloomington, Ind.: Indiana University Press, 1987); Stephen F. Cohen, *Bukharin and the Bolshevik Revolution: A Political Biography, 1888-1938* (New York: Knopf, 1973).

[58] Ver, por exemplo, o protesto de Bukharin de julho de 1929 contra uma recente repressão do Politburo sobre ele por causa de um discurso sobre a campanha anti-religiosa que ele disse que tinha sido esclarecida previamente com Iaroslavsky: *Pis'ma I. V. Stalina V. M. Molotovu*, 125.

[59] Chuev, *Sto sorok besed*, 181, 184, 200.

atrás, Stephen Cohen argumentou que houve uma descontinuidade essencial entre Lenine e Estaline.[60] O seu argumento polémico, baseado nas diferenças na condução da política, não é provável que ganhe muitos apoiantes agora, mas a questão pode tornar-se novamente interessante se não for polemicamente colocada e se for aplicada ao plano da prática. Em que aspectos concretos mudou a prática da alta política à medida que Estaline consolidava o poder? Que regras do jogo ele mudou ou quais permaneceram as mesmas?

Se quisermos arriscar uma lista das inovações de Estaline na prática da alta política deste período, ela pode incluir, juntamente com a abolição de facções e o uso da OGPU contra os opositores partidários, o uso de julgamentos encenados como uma maneira de disciplinar os políticos bem como de sinalizar a orientação política,[61] a transformação da imprensa,[62] a aplicação de regras "conspirativas"

---

[60] Stephen F. Cohen, "Bolshevism and Stalinism," in Robert C. Tucker, ed., *Stalinism. Essays in Historical Interpretation* (New York: Norton, 1977

[61] Para uma franca expressão de surpresa perante o inovador julgamento de Shakhty em 1928, ver a carta de Voroshilov para Tomsky, 29 de março de 1928: "Misha! Diz-me honestamente, não estamos a meter-nos numa confusão com o julgamento público do assunto Shakhty? Não terá a população local exagerado, particularmente o OGPU regional?" *Sovetskoe rukovodstvo*, 28.

[62] Ver Matthew Lenoe, *Agitation, Propaganda, and the "Stalinization" of the Soviet Press, 1925-1933* (Pittsburgh: The Carl Beck Papers in Russian and East European Studies, No. 1305, 1998).

que restringiam a circulação de documentos como as discussões do Comité Central e os protocolos do Politburo, mesmo dentro do partido,[63] e os novos géneros de modos de pressão [*lobbying*] do centro pelas organizações partidárias regionais associadas com a vasta expansão do investimento de capital estatal com o primeiro Plano Quinquenal.[64]

Isto leva-nos a um último apontamento sobre práticas e sistemas de crenças. Antes neste ensaio, dei exemplos de práticas que tinham uma relação directa com crenças: ao agirem de uma certa maneira (promovendo trabalhadores, discriminações contra "estranhos sociais", e assim), os bolcheviques foram conduzidos à observação/convicção de que esta era a maneira como os bolcheviques agem/devem agir, e isto foi incorporado no seu sistema de crenças. Mas a relação entre práticas e crenças nem sempre é assim directa. Duas outras variantes da relação prática/crença devem ser constatadas em conclusão. Primeiro, há práticas que não se prestam a si mesmas à crença ou não-crença mas são vistas como livres de ideologia ou pensadas em termos de "regras do jogo". Para Kaganovich, como vimos antes, a defesa do interesse burocrático era uma destas práticas.

---

[63] Ver a resolução do Politburo de 16 de maio de 1929 "O konspiratsii," dando regras para a devolução de documentos secretos, em *Stalinskoe politbiuro*, 75-7. Esta é um aperfeiçoamento de uma anterior decisão do Poliburo de 5 de maio de 1927, também discutida no Politburo a 21 de abril de 1927: *Politbiuro TsK RKP(b)-VKP(b). Povestki dnia zasedanii 1919-1952. Katalog*, v. 1 (1919-1929) (Moscow: ROSSPEN, 2000), 533 and 536.

[64] Harris, *Great Urals*, 70-104 e *passim*.

Segundo, há práticas das quais as pessoas têm vergonha. Muitas das inovações do período estalinista enumeradas acima (por exemplo, regras conspirativas acerca da circulação de documentos e o uso da polícia secreta em assuntos partidários internos) entram nesta categoria. As práticas de sigilo estavam entre as mais características e difundidas inovações do período estalinista (incluindo, é claro, as práticas arquivísticas do período soviético que mantiveram uma larga proporção de todos os documentos de arquivo oculta sob várias designações "secretas"). Elas podem ser ligadas com vários aspectos do sistema de crenças soviético: por exemplo, a omnipresença de inimigos cuja malevolência é fixa e imutável; as ameaças de dentro e de fora à segurança do Estado. Mas a crença mais directamente associada com as práticas estalinistas de sigilo era simplesmente que, quer o sigilo fosse ou não uma coisa boa em princípio, no mundo em que se vivia, ele era necessário. Enquanto noutras circunstâncias a prática pode seguir um preceito ideológico ou gerar uma justificação ideológica, aqui a velha tautologia hegeliano-marxista prevalece: o que é, deve ser; o que fazemos é o que tem que ser feito.

«A GRANDE MASSA É INDIFERENTE, TOLERA TUDO...» EXPERIÊNCIAS DE DOMINAÇÃO, SENTIDO DE SI E INDIVIDUALIDADE DOS TRABALHADORES ALEMÃES ANTES E DEPOIS DE 1933.*

ALF LÜDTKE

Nestes últimos anos, pesquisas históricas e sociológicas centradas sobre o estudo da vida quotidiana permitiram reconstruir diferentes facetas do fascismo. Elas mostraram claramente em que medida os aspectos da (sobre)vivência e dos sofrimentos sob a dominação nazi permanecem desconhecidos quando é considerada apenas a distinção entre culpados e vítimas. De facto, esta obsta a que se tome em consideração toda uma gama de comportamentos pelos quais centenas de milhares e milhões de indivíduos, isolados e colectivamente, participaram do "Novo Estado". Mencionemos ao acaso: a participação numa das inumeráveis colectas da Previdência Popular Nacional-Socialista [*Nationalsozialistischen Volkswohlfahrt*, NSV] – que contava

---

* Tradução de Bruno Monteiro, com revisão de Virgílio Borges Pereira.

com milhões de membros –, a organização de festas de empresa no quadro da Frente do Trabalho Alemã [*Deutsche Arbeitsfront*, DAF] – organização de adesão obrigatória – a ajuda à preparação do programa da jornada nacional do trabalho do Primeiro de Maio – instituída pelos nazis como dia de feriado nacional – ou, ainda, a espera soturna ou o grito de um *Heil* sobremaneira entusiástico por ocasião de um desfile qualquer. Podemos acrescentar o desinteresse selectivo como, por exemplo, desviar o olhar ou dar meia--volta quando os prisioneiros dos campos de concentração foram detidos e espancados, sobretudo durante os anos de guerra.[1]

Culpados/vítimas: uma dicotomia problemática

As pessoas estavam interessadas, frequentemente curiosas. Muitas aprovaram igualmente os objectivos e medidas preconizadas pelos nazis. Isto vale sobretudo, é verdade, para questões pontuais que dependiam do núcleo duro do fascismo, tais como o tratamento "severo mas justo"

---

[1] No que diz respeito ao "voyeurismo", vd. E. Klee (dir.), «*Schöne Zeiten*» *Judenmord aus der Sicht des Täter und Gaffer*, Frankfurt, 1988. Para a análise dos comportamentos, quer dizer, dos aspectos não administrativos do isolamento dos "estrangeiros" e dos "trabalhadores do Leste", cf. U. Herbert, *Fremdarbeiter. Politik und Praxis des «Ausländer-Einsatze» in der Kriegspolitik des Dritten Reiches*, Berlin/Bonn, 1985; sobre os objectivos dos campos de concentração, cf. H. G. Richardi, *Schule der Gewalt. Die Anfänge des Konzentrationslagers Dachau 1933-34*, München, 1983.

dos pretensos "inimigos do *Reich*" e, de maneira geral, dos "inimigos da comunidade"[2]; milhões de pessoas estavam de acordo, desde o princípio, com o rearmamento ou saudaram o "regresso ao *Reich*" do Sarre[3] e o *Anschluss* da Áustria. Tais aprovações, que *excediam a clivagem das classes sociais*, tal como as múltiplas formas de distanciação, de interesse entusiástico, de participação ou de colaboração, contribuíram para a consolidação ou manutenção da dominação nacional-socialista. Acrescentemos que, para cada pessoa tomada separadamente, as fronteiras entre aprovação, participação e colaboração eram muito fluidas.

Os estudos sociológicos e históricos centrados sobre a vida quotidiana não apresentam simplesmente os indivíduos como excluídos e, portanto, vitimas, ou, inversamente, unicamente colocados sob o "alto comando" sócio-estatal e, portanto, dominados. Em casos precisos, vemos distintamente que muitos de entre eles se transformam, ocasionalmente pelo menos, em cúmplices. Certamente que uma tal perspectiva não se limita ao fascismo. O fascismo, enquanto caso extremo e monstruoso de dominação, é levado a banalizar o seu carácter criminoso fazendo surgir a brutalidade "inumana" como condição e como consequência da nor-

---

[2] G. Bock, *Zwangssterilisation im Nationalsozialismus. Studien zur Rassenpolitik und Frauenpolitik*, Opladen, 1986; D. Peukert, *Volksgenossen und Gemeinschaftsfremde. Anpassung, Ausmerzen und Aufbegehren unter der Nationalsozialismus*, Köln, 1982. Ver também E. Klee, *Op. Cit.*
[3] G. Paul, «*Deutsche Mutter – heim zu Dir!*» *Warum es mißlang, Hitler an der Saar zu schlangen. Der Saarkampf 1933 bis 1945*, Köln, 1984.

malidade quotidiana, sendo esta normalidade claramente
determinada em todos os sentidos. Dito de outra maneira,
esta forma de dominação remete para potencialidades que
são *igualmente* susceptíveis de surgirem numa sociedade
burguesa. Daqui surgem questões sobre a própria possibilidade de existência da dominação numa sociedade
composta de sujeitos livres por direito. No caso presente,
a dominação significa duas coisas: explorar uma mão-de-
-obra excluída e *ao mesmo tempo* estar legitimado a fazê-lo.
Não se trata somente, é claro, de uma auto-legitimação dos
dominantes. As formas de distanciação que conduziram à
"cumplicidade dos assalariados"[4] contribuíram muito fortemente também para o processo de legitimação e justificação desta dominação.

A representação da situação de vítima possui múltiplas
variantes; podemos esboçar algumas de entre elas. Antes
de mais, prevalece uma concepção, idêntica e fatal, entre os
nazis e os antifascistas, acerca da superioridade dos poderosos [*Machthaber*] que não vale somente para os actores
implicados por volta e depois de 1933. Desta maneira, ela
influenciou ulteriormente, e de uma maneira fundamen-
talmente idêntica, as tentativas para denunciar os antigos
nazis, forneceu justificações e bloqueou o reconhecimento
do facto de que a libertação do nazismo efectivamente pro-
cedeu do exterior.

A violência física, as ameaças e perigos de morte domina-
ram as recordações e as explicações das vítimas que sobre-

---

[4] P. Brückner, *Zur Sozialpsychologie des Kapitalismus*, Frankfurt, 1972.

«A GRANDE MASSA É INDIFERENTE, TOLERA TUDO...»

viveram, das suas famílias e dos seus amigos: eles foram vítimas submetidas aos culpados e a assassinos. Ora, a evidente antinomia entre culpados e vítimas ilustra ao mesmo tempo a sua própria derrota política. Pois, ao mesmo tempo que tentavam lutar contra os nazis, eles indubitavelmente facilitaram (em todo o caso involuntariamente) a ascensão do nazismo ou, ao menos, não o contrariaram verdadeiramente; estas vítimas têm que se interrogar, então, sobre os seus próprios objectivos e métodos. As reacções dos exilados e dos amigos sociais-democratas estrageiros à tentativa do deputado bávaro emigrado do *Reichstag*, Willhelm Hoegner, em descrever as limitações, plenas de consequências, da política económica e social social-democrata e a "vã agitação" dentro da organização partidária, fornecem-nos um exemplo. O relatório de Hoegner, que investigava os erros que teriam conduzido a uma participação involuntária na ascensão do fascismo, não pareceu ao editor suíço – que era, contudo, um seu amigo político – que examinou este texto em 1936, como uma análise indispensável naquele momento; ele não viu nele senão uma "facada nas costas" a "muitos camaradas".[5] A publicação do texto não teve lugar senão em 1977.

O estatuto de vítima foi igualmente reivindicado pelos culpados. A conclusão de Albert Speer acerca do *Processo de Nuremberga* (1946) é particularmente exemplar: "Graças à utilização da técnica, pode-se fazer com que 80 milhões

---

[5] W. Hoegner, *Flucht vor Hitler. Erinnerungen an die Kapitulation der ersten deutschen Republik 1933*, München, 1977.

de indivíduos obedecessem às ordens de um só homem."[6] Entre "um só homem", quer dizer Hitler, e os 80 milhões de alemães do *Reich*, aquele responsável da guerra e do genocídio – em particular da mobilização de todas as forças produtivas, quer dizer, destrutivas – não via nenhuma instituição ou pessoa de permeio. Visivelmente, ele contava-se entre aqueles que eram dependentes e que foram manipulados.

Os debates entre os politólogos e os historiadores giraram em torno da questão da "ditadura de um só homem"[7], quer dizer, a "selva institucional"[8] que existia no interior de um "sistema poliárquico"[9]. As tentativas para ultrapassar uma abordagem que assenta sobre o estudo das estruturas institucionais (ou, na ocorrência, a sua desestruturação) ou o estudo dos interesses dos dirigentes permanecem a excepção. Da mesma maneira, os apelos – autocríticos – dos contemporâneos para se olhar com mais atenção para a "formação das massas"[10], não somente as favoráveis ao fascismo, mas também as dos seus opositores e das suas potenciais vítimas[11], não tiveram nenhum eco. À excepção

---

[6] A. Speer, *Erinnerungen*, Frankfurt, 1969-1972, 8.ª edição.
[7] K.-D. Bracher, *Die deutsche Diktatur*, 2 volumes, Köln, 1969.
[8] H. Mommsen, *Beamtentun im Dritten Reich*, Stuttgart, 1967
[9] P. Hüttenberg, "Nationalsozialistische Polykratie", *Geschichte und Gesellschaft*, n.2, 1976.
[10] E. Bloch, "Ungleichzeitigkeit und Plicht zu ihrer Dialektik", em E. Bloch, *Erbschaft dieser Zeit*, 2 volumes, Frankfurt, 1962 (1.ª edição, 1932)
[11] E. Fromm, *Arbeiter und Angestellte am Vorabend des Dritten Reich. Eine sozialpsuchologische Unterschung*, Stuttgart, 1980 (estudo realizado em 1929-30).

dos trabalhos de Fromm, a ideia de que as massas foram dominadas ou manipuladas predomina aqui também.

Será esta apresentação das coisas a boa? Uma série de índices vem infirmá-lo. Pode notar-se um "descontentamento generalizado dos trabalhadores" nos relatórios dos correspondentes clandestinos do Partido Social-Democrata da Alemanha no Exílio [*Sozialdemokratischen Partei Deutsclands im Exil*, SOPADE]. Mas esta notação é acompanhada por uma apreciação de um pessimismo geral: "Todos os relatórios estão de acordo em constatar que a classe operária é passiva." Vindo da Renânia, encontramos mesmo esta constatação: "A grande massa é indiferente, tolera tudo e não se ocupa a não ser de assuntos pessoais. Ela participa, por curiosidade, nas manifestações das empresas e nas colectas." Podemos então pôr a seguinte questão: os opositores *e* o aparelho de segurança dos nazis não terão passado em claro a existência de uma grande pluralidade de atitudes possíveis e legítimas *consoante cada personalidade*. A polaridade *entre* a rejeição intransigente e manifesta ou a aprovação total faz ignorar as formas individuais e colectivas de comportamento perante as exigências "exteriores" ou perante as dos próximos. As práticas e os comportamentos que articulam estas exigências (e estímulos) com as experiências e as expectativas próprias de cada indivíduo escapam, por conseguinte, à observação, como mostra, por exemplo, a irritação – contida – do correspondente do SOPADE perante a concomitância de "indiferença" [*Teilnahmslosigkeit*] e de "curiosidade" [*Neugier*] entre os operários, enquanto tal simplesmente reflectia as formas populares de acomodação pessoal ao fascismo. Determinar o que é a participação é então mais fácil. Enquanto as múltiplas formas de participação tornaram possível a perpetuação do poder dos nazis, a participação não é jamais considerada como uma forma de rejeição da política. De facto, na sua dimensão psicológica, trata-se de uma forma de distanciamento de si [*Sichdistanzieren*], provindo de exigências, interesses e práticas que trazem a marca do que é *pessoal*.

Os contributos da história do quotidiano

As monografias que relevam da sociologia e da história do quotidiano permitem traçar as estruturas dos campos de forças [*Kräftefelder*] dentro dos quais são concretizadas as múltiplas articulações das necessidades e interesses pessoais com as condições de vida (e sobrevivência) correspondentes, quer dizer, com as diferentes experiências da lógica social que são tidas por indivíduos em situação.

Pensamos aqui nos trabalhos de Michael Zimmerman sobre os mineiros de uma mina de carvão em Bochum e sobre as formas específicas das relações de vizinhança no seio do seu contexto colectivo,[12] ou de Kurt Wagner sobre Körle, uma aldeia de operários-camponeses do Norte do

---

[12] M. Zimmerman, *Schachtanlage und Zechenkolonie. Leben, Arbeit und Politik in einer Arbeitersiedlung: 1880-1980*, Essen, 1987.

Hesse.[13] No centro destes trabalhos não figura apenas o estudo de bastiões políticos e sociais, mas também o estudo da rejeição da sua influência pelos "meios sociomorais"[14] e não somente em razão do seu militantismo confessional. Aí são igualmente examinadas as esferas específicas da vida urbana e rural: a relação com o corpo existente no universo masculino durante a jornada de trabalho, o trabalho agrícola, ao mesmo tempo isolado e diversificado, e as suas consequências sobre o trabalho na fábrica, a separação nas relações entre homens e mulheres no trabalho e em casa. A ênfase é colocada sobre as múltiplas dimensões destas relações, que podem significar *ao mesmo tempo* constrangimento e sofrimento ou relaxamento e libertação. Dito de outra maneira, estes trabalhos interessam-se pela textura das relações e distâncias sociais, de maneira a mostrarem as potencialidades ou sobretudo as premissas de mudança ou de inércia existentes nos comportamentos. É nessa medida que os contextos sociais podem ser definidos como campos de acção para indivíduos que se estruturam a partir de uma simultaneidade de incitamentos e de obrigações muito diferentes.

Conceber estes campos de forças e de acções como multiestratificadas e pluritemporais permite superar os

---

[13] K. Wagner, *Leben auf dem Lande im Wandel er Industrialiserung*, Frankfurt, 1986.

[14] M. R. Lepsius, "Parteisystem und Sozialstruktur: zum Problem der Demokratisierung der deutschen Gesellschaft", em W. Abel (dir.), *Witschaft, Geschischte und Wirtschaftsgeschichte*, Stuttgart, 1966.

primeiros trabalhos que reconheceram a importância da subjectividade e sobretudo da individualidade, por oposição ao conceito habitual de classe social, e regressar aos materiais existentes sobre os movimentos fascistas vitoriosos. Antes, as tentativas de Wilhelm Reich,[15] salientando a importância explicativa da atracção pelo fascismo, da repressão da sexualidade no seio da célula familiar, tinham feito emergir, de maneira percuciente, o tema dos modos de interacção entre indivíduos e contexto societal. É verdade que a perspectiva se limitava à regulação das necessidades sexuais, embora as relações de poder intrafamiliares apresentem características qualitativas postas de lado por Reich. A tentativa de salientar um "potencial fascistóide" dentro da classe etária nascida por volta de 1910, através de um estudo sociobiográfico apresenta idênticos limites. A tese de Peter Loewenberg sobre a educação sem pai ao longo da infância é certamente pertinente de acordo com as teses freudianas relativas às predisposições saídas da

---

[15] W. Reich, *Massenpsychologie des Faschismus. Zur Sexualökonomie der politischen Reaktion und zur proletarischen Sexualpolitik*, Amsterdam, 1980 (1.ª edição 1933). Na segunda edição da obra (Köln, 1971), W. Reich é levado a transtornar a discussão sobre a interpretação sobre as "exigências económicas e sexuais da família burguesa como família autoritária". Sobre a problemática da relação entre estruturas autoritárias e tipos de famílias, vd. W. Reich, *Studien über Autorität und Familie. Forschungsberichte aus dem Institut für Sozialforschung*, Paris, 1936 (reedição 1987).

primeira infância.[16] Mas é discutível que possamos dessa maneira apreender de maneira adequada a construção das experiências através do *conjunto da existência do indivíduo* – e não somente durante essa curta fase precoce, na medida em que a transformação das atitudes dos membros de uma mesma classe etária fornece indicações acerca do significado das experiências *ulteriores*. Assim é preciso também tomar em consideração, por exemplo, as fases de actividade ou sobretudo de desemprego para além da infância.

Não é senão pela reconstituição das relações entre as diferentes práticas sociais que podemos mostrar a "imbricação" [*Gemengelagen*] estreita de exigências e atracções, medos e esperanças, motivações e realizações, não somente entre classes, meios sociais, sexos ou gerações, mas também dentro da mesma classe, do mesmo meio social, do mesmo sexo ou da mesma geração. Parece ser igualmente claro que estas experiências multiestratificadas [*Mehrschichtigkeiten*] no local de trabalho, nas relações de vizinhança ou na família não foram, em caso algum, contínua e necessariamente vividas como contraditórias, mesmo se a sua elaboração progressiva procede de situações históricas muito diversas. A sua dinâmica, que não podemos captar se não de maneira abstracta pela noção de mediação [*Vermittlung*], conduz a que nos interroguemos sobre os modos de *apropriação* [*Aneignung*] das condições de acção. O termo de apropriação remete para as dificuldades de afirmação

---

[16] P. Loewenberg, "The Psychological Origins of the Nazi Youth Cohort", *American Historical Review*, n.76, 1971.

de si [*Sichbehaupten*] em situações que, geralmente, não foram escolhidas livremente. Este termo sublinha sobretudo que mesmo um comportamento conformista não corresponde jamais à imagem do fantoche. São acima de tudo as deformações, gradações e novas acentuações que são privilegiadas: por exemplo, a implementação do trabalho à peça traduz-se na empresa em utilizações múltiplas das máquinas que dependem de práticas colectivas e ainda mais individuais. O termo apropriação permite igualmente acentuar as experiências práticas. É ao longo do ciclo de vida que se forjam as experiências de classe, de sexo ou de meio, e é assim que elas se tornam realidades quotidianas; é ao longo do ciclo de vida que as condições de acção [*Handlung bedingungen*] se transformam no estilo de vida próprio a cada personalidade.

A mobilização ordinária nacional-socialista

Sublinhar estas multiestratificações [*Mehrschichtigkeiten*] leva evidentemente a pôr a questão de saber como foi historicamente possível que segmentos sociais (relativamente) isolados, ou pelo menos peculiares, se tenham dissolvido, pelo menos a curto termo, em movimentos ideológicos que ultrapassavam os quadros locais e regionais. A entrada na guerra "imperialista" de 1914 constitui um exemplo; os movimentos políticos e sociais de Novembro de 1918, as grandes greves para a reorganização das relações de trabalho da Primavera de 1919 proporcionam outros. É evidente que estes reagrupamentos e movimentos nacionais não correspondem forçosamente a mobilizações profundamente progressistas: o movimento de solidariedade "nacional" contra a "ocupação do Ruhr" em 1923, mas também a grande mobilização de 30 de Janeiro de 1933, dia da tomada de poder pelos nacional-socialistas, e depois a amplitude da participação na dominação fascistas, testemunham a facilidade com que a "base" era mobilizada pelas ofertas e propostas vindas de "cima".[17]

Estes exemplos podem ler-se igualmente como o índice de uma ausência de mediação entre o "alto comando" do Estado e da sociedade, de um lado, e a "base", de outro. Nós constatamos então dois níveis fortemente dissociados: a arena da política formal e "nacional" e aquela onde se joga a vida de alguém ou inclusivamente a sua sobrevivência. Numerosos, demasiado numerosos, foram aqueles que encontraram uma solução no fascismo sob a forma – historicamente rara – de "tomada de consciência colectiva" (segundo a expressão utilizada por Hitler no seu discurso do Primeiro de Maio de 1933). A monografia dos mineiros, citada acima, analisa esta atracção exercida pelo fascismo. Estes jovens mineiros, nascidos por volta de 1910 (frequentemente educados sem pai), não conheceram senão

---

[17] Sobre as satisfações concretas trazidas aos trabalhadores pelo nazismo, ver A. Ludtke, "Wo blieb die «rote Glut»? Arbeitererfahrungen und deutscher Faschismus", em A. Lüdtke (dir.), *Alltagsgeschichte. Zur Rekonstruktion historicher Erfahrungen und Lebensweisen*. Frankfurt/New York, 1986.

desilusões e fracassos[18] ao longo dos anos em que deviam exercer a sua primeira actividade profissional e conhecer as suas primeiras experiências de homens adultos. O desemprego era a sorte comum da vida proletária, inclusive durante os primeiros anos da República de Weimar e, mais massivamente ainda, após o início de crise de 1929. Num meio composto por vizinhos, colegas ou camaradas de rua exigindo "actividades" sérias, as promessas da "batalha do trabalho" dos nazis ofereciam possibilidade de entusiamos e renovação. Sobretudo, os nazis não se ficaram pelas promessas e símbolos. A partir de 1934 as ofertas de emprego aumentaram realmente.

Retrospectivamente, constatamos que as jornadas de trabalho se alongaram e se intensificaram. Os trabalhos sobre as empresas ou as monografias locais mostram claramente que ao mesmo tempo que crescia o emprego, cresciam os constrangimentos laborais. No entanto, a cada intensificação da pressão sobre o local de trabalho ou sobre a vida pública fora da empresa exercida pelo controlo e repressão policiais, o poder nazi, durante as diferentes fases da sua dominação, esforçava-se por tornar tangíveis os símbolos de conforto, ou ao menos por transformá-los em elementos da realidade quotidiana conhecida por

---

[18] D. Peukert,"Die Erwerbslosigkeit junger Arbeiter in der Weltwirtschaftskrise in Deutschland 1919-1933", *Vierteljahrschrift für Sozial und Wirtschaftsgeschichte*, n.72, 1985.

todos.[19] Isto ia da extensão da obra social das empresas (não tomamos em conta, aqui, as diversas formas de trabalho suplementar exigidas em contrapartida) até ao pagamento dos dias seguintes aos dias de feriado (a partir de 1937), passando pela apreciação pública das queixas acerca das dificuldades de abastecimento alimentar.[20] Já quando a penúria de matérias gordas impedia que se fizessem as tão apreciadas tartes de queijo, a atenção pública a tais anseios nos discursos e declarações nacionais-socialistas contrastava fortemente com aquilo que era feito até 1932-1933, quando se negligenciavam as necessidades de sobrevivência das "massas" (por exemplo, através de medidas de limitação dos preços, ineficazes de facto, e que não pareciam actuar se não sobre os problemas "técnicos").[21]

Tim Mason caracterizou as formas e funções da eficiência – em termos de dominação – do fascismo alemão pela simultaneidade e imbricação funcional entre "opressão, neutralização e integração".[22] Não indicaremos a não ser sucintamente o que é subentendido aqui por *opressão* e *neutralização*: a simultaneidade de um "Estado normal"

---

[19] C. Sachse *et al*, Angst, *Belohnung, Zucht und Ordnung. Herrschaftsmechanismen im Nationalsozialismus*, Opladen, 1982

[20] Cf, A. Lüdtke, "Wo blieb die «rote Glut»? Arbeitererfahrungen und deutscher Faschismus", em A. Lüdtke (dir.), *Op. Cit.*

[21] U. Maass, «*Als der Geist der Gemeinschaft eine Sprache fand*». *Sprache im Nationalsozialismus – Versuch einer historichen Argumentationanalyse*, Opladen, 1984.

[22] T. Mason, "Die Bändigung der Arbeiterkalsse im nazionalsozialistichen Deutschland. Eine Einleitung." em C. Sachse *et al*, *Op. Cit.*

[*Normenstaat*] (no domínio da troca de bens) e de um "Estado de excepção" [*Maßnahmenstaat*] em permanente expansão, é característica da repressão; Ernst Fraenkel propôs a este respeito a noção de "Estado duplo" [*Doppelstaat*].[23] Relevavam da neutralização, em particular, as políticas e as estratégias que consistiam em impedir ou melhor a destruir a formação de grupos que já existiam ou que os nazis temiam que se formassem, à semelhança do apoio e acção estatais em favor de uma diferenciação dos salários nas empresas. O amplo espectro de ofertas materiais (nomeadamente o desenvolvimento das férias pagas, o pagamento dos dias seguintes dos dias feriados e as obras sociais da empresa) visavam *integrar* os operários da indústria. Tal articulava-se com as suas "necessidades de identificação", segundo a expressão de Mason. Não é preciso, por isso, dissociar estas satisfações concretas, dos sonhos, dos "avanços em frente" e da "comunidade do povo" postas em cena por ocasião das festas de empresa e dos desfiles do Primeiro de Maio nacional-socialista.

A articulação entre neutralização e integração pode observar-se através da idealização, propagada por numerosos meios de comunicação, da "qualidade do trabalho alemão". É através de tal [idealização] que a marca das

---

[23] E. Fraenkel, *Der Doppelstaat*, 2 volumes, Frankfurt, 1984. É necessário notar aqui que o "Estado normal" tornava tradicionalmente possível um alto grau de arbitrariedade estatal como efeito da "guerra policial" prusso-alemã contra as "classes perigosas". Fraenkel subavaliava este aspecto.

"necessidades" que motivavam as massas – na ocorrência, os operários industriais – se torna tangível à medida que a nova elite dominante lhes procura responder. Aqueles que estão situados nos escalões superiores das tabelas salariais (fortemente hierarquizadas e diferenciadas) foram colocados ao mesmo nível que os operários profissionais experimentados que incarnam o orgulho do trabalho nos meios proletários. Eles aparecem como os modelos do "esforço", da "exactidão" e da "entrega". Estas virtudes foram valorizadas demonstrativamente e demonstradas (na acepção comum do termo) por intermédio de fotos e ilustrações, as quais tinham raízes profundas e efeitos claros. Raízes profundas, pois a imagem do trabalho que foi utilizada tinha sido anteriormente modelada pelas condições de vida proletárias; eram um produto do sucesso da resistência daqueles que estavam "à margem da sociedade" contra o desprezo e a negligência. Efeitos claros, pois estes símbolos do trabalho instauravam e reiteravam constantemente a diferença entre "trabalhadores" e "preguiçosos", entre "amigos" e "inimigos da comunidade", ou seja, perante aqueles que lhe eram prejudiciais.

Este encaixe entre elementos familiares e novidades proclamadas fez emergir uma linguagem figurada, difundida ao longo de décadas, não só nos meios de comunicação proletários mas também burgueses, permitindo a libertação de pulsões inconscientes. Estes símbolos foram postos ao serviço da "luta do povo" dentro das classes sociais e para lá das suas fronteiras. O mesmo vale para a celebração dos trabalhadores manuais, quer dizer dos "homens em trabalho", em séries de fotos e filmes que utilizavam perspectivas e contra-perspectivas e as técnicas modernas de montagem de modo a suscitarem olhares fascinados.

O conceito de sentido de si [Eigensinn][24]

As reconstruções históricas de contextos particulares tentam integrar simultaneamente os "campos de forças" respectivos do trabalho e não-trabalho, dos interesses e necessidades imediatas ou não-imediatas. Por isto entendem-se as probabilidades de poder confrontar as estratégias de legitimação dos dominantes e a sua recepção pelos dominados. Este quadro de análise permite, além disso, esclarecer com mais precisão as "mediações" [*Vermittlungen*] entre a sociedade e os grupos sociais, entre a sociedade e os indivíduos.

Por minha parte, tentei descrever as situações de trabalho nas empresas industriais ao longo dos anos 20 e 30, numa fase de importante reorganização das relações de trabalho (que podemos provisoriamente resumir com a noção de "racionalização"), com recurso a descrições que

---

[24] Foi extremamente difícil encontrar um correlato em português para o termo *Eigensinn*, que pode significar "vontade própria" ou "teimosia" por exemplo, razão pela qual se optou por "sentido de si", expressão que pretende significar o sentimento de autoridade sobre si mesmo, a vontade de recolhimento e protecção face às ingerências dos outros, quaisquer que sejam, ou a forma de *descomprometimento conflitual*, como diria o próprio Alf Lüdtke, que se pode esconder por detrás de uma atitude de aparente passividade. [Nota do tradutor]

«A GRANDE MASSA É INDIFERENTE, TOLERA TUDO...»

fossem o mais aprofundadas possível. Tentei, mais precisamente, realçar as actividades e os desejos graças aos quais os indivíduos, isolados ou em grupo, tentavam escapar às exigências e às ordens vindas de "cima" ou do "exterior". Segui a pista de tais tentativas de distanciamento de si [*Sichdistanzieren*] depois de ler um texto que descrevia a experiência do encontro entre um indivíduo e um universo que lhe era estranho: o trabalho fabril. O seu autor é o teólogo protestante Paul Göhre. O seu relato, que data de 1890, fascinou-me pela sua obsessão com os detalhes da vida quotidiana na fábrica. Na primavera de 1890, Göhre encetou uma "expedição ao seio do seu povo". Levado por motivos filantrópicos de reforma social ao mesmo tempo que por uma "missão interior", ele inspirou-se com o exemplo das missões e expedições africanas. Durante seis semanas, ele trabalhou anonimamente como aprendiz e, durante seis outras semanas, como operário fabril (o que é para mim mais interessante), quer dizer, como "estrangeiro" no "seu próprio país".[25]

Não irei aqui restituir este texto na íntegra.[26] O que é importante é que ele fornece provas que desmentem claramente as imagens horríveis que cultivavam e apreciavam os

---

[25] P. Göhre, *Drei Monate Frabikarbeiter und Handwerksbursche*, Leipzig, 1981

[26] A análise deste texto está no centro do meu artigo, "Cash, Coffee-Break, Horseplay: Eigensinn and Politics among Factory Workers in Germany circa 1900", em M. Hanagan e C. Stephenson (eds.), *Confrontation, Class Counsciousness and the Labour Process. Studies in Proletarian Class Formation*, New York, 1984.

leitores das vidas de trabalho.[27] O relato de Göhre salienta que nem todos os operários (ele estava numa fábrica composta unicamente por homens), embora, contudo, a maioria de entre eles, resistiam a uma ordem fundada sobre o lucro e a produtividade. O seu próprio relato, tal como os textos de memórias das experiências na fábrica que ele publicou alguns anos mais tarde, mostra a surpreendente plasticidade e habilidade das tentativas para arrancar aqui um pequeno prazer, ali um pouco de repouso e espaço, para arranjar pequenos momentos para si e encontrar refúgios.

A colegialidade no trabalho, fortemente exigida nesse meio de homens, era frequentemente levada até aos limites do possível. A cooperação, dentro e entre as linhas de produção, revelava-se constantemente inevitável em virtude da circulação constante de materiais; era preciso assegurar a execução da produção, evitar os acidentes e, dentro das linhas de produção, prestar atenção a que o trabalho efectuado não divergisse substancialmente do trabalho exigido. Esta cooperação forçada compreendia experiências que o cálculo da utilização óptima das forças de trabalho postas em acção não podia contabilizar. A colegialidade tinha por exigência que *cada um* cumprisse a sua parte do trabalho e que *todos* ganhassem a vida. Os "passageiros clandestinos" eram desprezados e rejeitados, ainda que se pudesse apoiar os colegas quando era preciso, sobretudo aqueles que tivessem conseguido

---

[27] K. M. Bogdal, *Schaurige Bilder. Der Arbeiter im Blick der Bürgern*, Frankfurt, 1978.

inspirar respeito na oficina ou na vizinhança. É claro que a ajuda não podia ser comprada com dinheiro ou em troca de uma cerveja, um copo ou um pedaço de salsicha. O mais importante era encontrar o equilíbrio certo entre cooperação e reserva. Os comportamentos eram convertidos numa "divisa" específica: eles não eram portanto transmissíveis e não formavam, nesta medida, um "capital simbólico"[28]. Não se tratava de um humanismo abstracto: por exemplo, as normas de trabalho "bem feito" e precisas eram importantes para a construção de máquinas. O que era "correcto" sobre o local de trabalho não garantia o direito mas sim as melhores probabilidades de obter, em caso de necessidade, a ajuda dos colegas, sem perder, com isso, o respeito por si próprio [eigene Selbstachtung].

Simultaneamente, pode ser que por causa precisamente dessa cooperação forçada, os operários repetissem as provas de distanciamento. Eles pregavam partidas, inocentes mas também maldosas, e praticavam o "sentido de si" [Eigensinn][29]. Pintar de vermelho ou branco as solas dos

---

[28] No sentido em que Pierre Bourdieu define esta noção em *Entwurf zu einer Theorie der Praxis*, Frankfurt, 1976 (tradução do francês, *Esquisse d'une Théorie de la Pratique*, Geneve, Droz, 1972).

[29] Ver A. Lüdtke, "Cash, Coffee-Break, Horseplay: Eigensinn and Politics among Factory Workers in Germany circa 1900", em M. Hanagan e C. Stephenson (eds.), *Op. Cit.* Para essa demonstração a respeito da masculinidade, cf. M. Zimmerman, "Ausbruchshoffnung, Junge Bergleute in den Dreißiger Jahren", em L. Niethammer, «*Die jahre Weiße man nicht, wo man die heute hintsetzen soll*», Berlin/Bonn, 1983: M. Burawoy, *Manufacturing Consent*, Chicago, 1979; R. M.

sapatos, cobrir de óleo uma manivela ou o eixo de um torno, entalhar um manípulo que se partia fazendo salpicar sobre as mãos e as roupas o queijo malcheiroso com que tinha sido recheado: era assim que eram estigmatizadas as vítimas, mas elas podiam e deviam vingar-se. Era preciso muito rapidamente reagir fisicamente ou mostrar a sua destreza manual de modo a limpar de si a injúria. Estas formas de linguagens corporais exprimiam a situação da fábrica e o modo de vida proletário. Através destas "partidas", constituíam-se as hierarquias entre os "fortes" e os que eram constantemente postos em questão, aqueles que tinham que se afirmar e fazer-se reconhecer: era igualmente possível que, da vez seguinte, a vítima se transformasse em culpado. A utilização intensiva do corpo no local de trabalho funcionava ao mesmo tempo como a expressão e como a confirmação de experiências que "vítimas" e "culpados" partilhavam: o trabalho situado e a sujidade. Os instigadores dos constrangimentos quotidianos escapavam, em larga medida ou totalmente, ao controlo das vítimas do momento. Para aqueles que pregavam partidas, a violência física era um momento de esforço que lhes permitia reencontrarem-se a sós, "consigo mesmos".

Estas formas de expressão não significam resistência às exigências de "cima". Elas permitiam antes subtrair tempo e espaço para si mesmo e revelam o "sentido de si". Este manifestava-se então em momentos pontuais mas frequen-

---

Dorson, *Land of the Millrats*, Cambridge/Mass., 1981; P. Joyce (ed.), The Historical Meanings of Work, Cambridge, 1987.

tes. As necessidades de (sobre)vivência não eram apenas amenizadas pela colegialidade; elas eram-no também – e sobretudo – pelas práticas que relevam desse "sentido de si", que afrouxavam a pressão das obrigações e necessidades da fábrica, nem que fosse por alguns instantes. Não é, por isso, a alternativa entre cooperação e conflito, entre distanciamento pelo "sentido de si" ou aceitação, que é decisiva, mas a sua *imbricação*. Cooperação e "sentido de si" alternavam em ritmos diferentes. Simultaneamente, eles estavam ligados: o trabalho em comum possuía, apesar disso, dimensões individuais e, paradoxalmente, a distanciação facilitava uma cooperação renovada.

Não procuramos aqui heroicizar – de novo – a resistência proletária: o "sentido de si" não significa somente distanciamento em relação às expectativas de "cima", mas também distanciamento em relação às expectativas dos colegas. Esta era uma maneira hábil de preservar a sua existência habitual, mas tal não deu origem a uma prática que tivesse colorido o conjunto da vida quotidiana com uma tonalidade de resistência. O "sentido de si" continuava ligado ao trabalho exigido ou, mais precisamente, não o interrompia senão momentaneamente.

O "sentido de si" compreende unicamente os comportamentos pelos quais os indivíduos se subtraíam por instantes à lógica social, quer dizer, a todas as regras, expectativas e também experiências que se reportavam a uma atitude mensurável. Ele significa justamente não calcular nem pensar nas eventuais consequências dos seus actos: são mais importantes as necessidades e os desejos individuais vividos naquele preciso momento. O "sentido de si" corresponde aos comportamentos que George Bataille designou com o termo de "dissipação" [*dépense*][30], cuja tradução alemã [*Verschwendung*], que inclui a ideia de "desperdício"[31], exprime melhor a rejeição do cálculo. Esse "desperdício" é em geral rejeitado, negado ou minimizado pelos observadores e permanece pouco estudado.

Neste domínio nós não podemos avançar a não ser tentativamente, sem poder generalizar nem tirar conclusões globais. É todavia possível traçar os contornos da "imiscuição" [*Gemengelage*] de um mesmo indivíduo em diferentes temporalidades. Estou cada vez mais convencido de que, ao lado da participação nos ciclos económicos, na estrutura social e no sistema político, existe um outro ritmo de comportamento do qual o "sentido de si" é um dos elementos. Este não foi suprimido nem pela introdução da taylorização por volta de 1910, nem pela introdução, após 1924, de controlos sobre a duração do trabalho à entrada das fábricas e no local de trabalho, nem mesmo pelo terror fascista. O "sentido de si" permaneceu sempre uma componente do comportamento no trabalho.

A melhor maneira de considerar o "distanciamento" e o "sentido de si" inscreve-se numa perspectiva que põe em causa duas avaliações da política: a primeira, que mede a política a partir de práticas e atitudes "previsíveis" e fixas;

---

[30] G. Bataille, *La Part Maudite*, precedida de *La Notion de Dépense*, Paris, minuit, 1967 (1.ª edição 1933)

[31] G. Bergfleth, *Theorie des Verschwendung*, München, 1985.

a segunda, que assenta em cálculos estratégicos e acções racionais no quadro de estruturas organizadas e institucionais. A recusa de todo o cálculo, própria do "sentido de si", era duplamente política sob o fascismo. O fascismo oferecia a muitos a oportunidade de respirar sem que, por isso, a produção de armas e assim a produção de guerra fossem efectivamente afectadas. Ao mesmo tempo, são justamente estas formas de distanciamento que tornaram possível a própria sobrevivência e a sobrevivência dos amigos, colegas, camaradas, pode ser que até a de certos "estrangeiros". Esta ambivalência constitui aparentemente o centro dos esforços individuais para "estar consigo mesmo", de dar mostras de um "sentido privado".

O "sentido de si" não visa um indivíduo pré-social, nem supõe que em qualquer instituição social actuem sujeitos vistos como iguais entre si. Isto torna ainda mais urgente a questão da maneira de descrever a demonstração, mas também a repressão, dos momentos que dele resultam. A questão é primeiro que tudo: *quem* "se distancia" em relação a si, *quem* é aquele que rompe com as expectativas, aquele que "se desperdiça" a si mesmo e "desperdiça" as possibilidades?

Sentido de si ou "consciência do quotidiano"

Trata-se aqui de uma simultaneidade particular: produção de relações de poder tanto em virtude da participação dos indivíduos quanto da existência de formas de distanciamento, até mesmo de resistência. Os esforços para se preservar a si mesmo parecem estar inscritos na participação. No entanto, as maneiras pelas quais se concretizam as práticas individuais são sistematicamente negligenciadas nos trabalhos que fizeram escola. É aqui que é preciso fazer intervir o reconhecimento do "sentido de si". Subsiste contudo a questão de saber como podemos apreender as articulações e as rupturas entre os comportamentos individuais e inter-individuais.

Há alguns anos, Thomas Leithäuser e Birgit Volmerg propuseram analisar a relação entre as experiências e as orientações que forja e regula o comportamento da maioria, pela noção de "consciência do quotidiano" [*Alltagsbewußtein*][32]. Nos textos de Leithäuser são destacadas, em especial, duas características. De um lado, a consciência do quotidiano impede o exercício de uma (auto) reflexão crítica. Paralelamente, em resultado da imprevisibilidade de certos comportamentos, a originalidade individual e colectiva não é controlada pelos dominantes,[33] correspondendo-lhe a "fraqueza da síntese" das diferentes experiências. Um "contexto de experiências que estão ao mesmo tempo ligadas e separadas entre elas" é mais característico da "consciência do quotidiano" do que a circuns-

---

[32] T. Leithäuser, B. Volmerg, "Die entwicklung einer empirischen Forschungsperspektive aus des Theorie des Alltagsbewußtein", em L. Leithäuser, B. Volmerg, *Entwurf zu einer Empirie des Alltagswußteins*, Frankfurt, 1977.

[33] T. Leithäuser, *Formen des Alltagsbewußtseins*, Frankfurt/New York, 1976, p.16 ss.

tância de um relacionamento unívoco entre essas experiências. A ideia de ausência da racionalidade que caracterizava ainda a compreensão "sã" dos indivíduos durante o período pré-industrial conduz a insistir sobre a perda de uma identidade coerente, independente de uma dada situação.

A "consciência do quotidiano" reflecte, segundo Leithäuser, a história de um declínio. Esta consciência deformada e "des-racionalizada" é uma novidade: os seus elementos nodais são criados pela cultura industrial e são introduzidos de maneira manipulatória. "Em lugar da antiga ideologia aparecem formas de consciência onde estão entremeados, de uma maneira quase inextrincável, os nódulos e destroços ideológicos com elementos patológicos."[34] O resultado é que temos muitas dificuldades em descobrir, na cabeça dos indivíduos, a "verdade" por entre um tal "entrançado". Além do mais, esta mistura não é assim tão frouxa como parece: ao formar um "ambiente quotidiano fixo", ela revela-se uma barreira inultrapassável para todas as particularidades individuais. São mais os indivíduos que "se adaptam" às situações do que o contrário, quer dizer, eles apropriam-se das condições sociais da sua acção. O que se traduz, acima de tudo, pelo desaparecimento da consciência de classe.

Esta concepção de uma "consciência do quotidiano" ao mesmo tempo opaca e maciça e, em todo o caso, muito

---

[34] Leithäuser, B. Volmerg, "Die entwicklung einer empirischen Forschungsperspektive aus des Theorie des Alltagsbewußtein", em L. Leithäuser, B. Volmerg, *Op. Cit.*, p.19.

ampla, apoia-se sobre a tese da perda da identidade pessoal. Por conseguinte, a identidade não se pode fundar senão sobre a "espessura" de comportamentos e acções pessoais, à semelhança da tese que repousa sobre a noção de "sujeito" individual subjacente aos projectos de sociedade humanizada e livre da dominação e da exploração surgidos após o Iluminismo. A questão é por isso: como é que podemos fundar socialmente uma identidade que deve ser mais do que o produto dos campos de forças sociais?

Leithäuser reviu recentemente a posição que acabamos de esboçar, ou pelo menos atenuou-a um pouco. Ele chamou a atenção para o facto de que "a consciência do quotidiano não é em si mesma algo que se imponha imediatamente": ele conclui que "a consciência dos indivíduos não é hermética"[35] e toma por índice esse "conhecimento-desconhecimento da nossa consciência do quotidiano". Ele proporciona exemplos tais como a discordância entre certos valores (por exemplo, os estragos que o tráfego automóvel causa ao ambiente) e um comportamento largamente inalterado (a intensidade de utilização de viaturas privadas). Dito de outra maneira, nós deixamo-nos iludir acerca do nosso poder real por intermédio da nossa participação somente compensatória e pontual em processos de decisão. Ao contrário da sua abordagem anterior, ele sublinha agora que os indivíduos "não são em caso algum apenas vítimas" desta consciência do quotidiano. A imposi-

---

[35] T. Leithäuser, "Ideologie und bewußtsein", em H. König (dir.), *Politische Psychologie Heute*, Opladen, 1988.

ção de uma maneira de ver o mundo que sobre eles é exercida pelos dominantes não é tudo. Ele avança a hipótese de que a prática dos dominados é um elemento original, que ele depois não caracteriza mais precisamente: eles "forjam para si mesmos ao mesmo tempo a sua própria consciência do quotidiano". Mas o que, ou mais precisamente quem, é que se subtrai a tais "percepções herméticas" e hegemónicas dos dominantes? Sobre o plano conceptual, podemos estabelecer um paralelo com as reflexões sobre o "sentido de si" dos trabalhadores. Todavia aparecem diferenças importantes a dois níveis.

Primeiro, a consciência do quotidiano forma sempre em Leithäuser um conjunto homogéneo. A "mistura" de elementos diferentes, até contraditórios, parece dissolver as particularidades num mesmo molde; ele não faz sobressair nenhuma asperidade, nenhuma descontinuidade. Esta rigidez está talvez ligada ao facto de Leithäuser não reconhecer as potencialidades dinâmicas da polissemia. Mais empiricamente, podemos dar o exemplo daqueles que estavam receptivos às palavras de ordem "nacionalistas" e nazis em 1923 e também por volta de 1933; eram por vezes os mesmos que, alguns anos mais cedo, por volta de 1918-19, tinham lutado contra as autoridades "ilegítimas" e pela autogestão operária. As acções rebeldes e revolucionárias não excluem, portanto, mudanças de fundo. Outro exemplo: a "cultura operária" foi dominante, a nível regional e a nível de uma determinada camada social, durante vinte anos, após o início do século, em certas partes da Saxónia, a Norte e a Oeste de Berlim, em certos bairros de Hamburgo e de Nuremberga, mas também nos meios católicos do Ruhr. Esta relativa homogeneidade e a "mentalidade de bastião" não impediram que no seio do movimento operário aparecessem, entre certos trabalhadores (e trabalhadoras ou esposas de trabalhadores), disposições favoráveis aos nazis. Negt e Kluge delinearam já este argumento: o ponto decisivo é a destruição simultânea da antiga vida pública burguesa e proletária[36]; a partir daí desenvolveu-se uma nova forma de vida pública regulada pelos meios de comunicação. É preciso ainda provar, é certo, que não retiramos aqui conclusões erradas, como se a possibilidade técnica de reproduzir e estimular todos os sentidos determinasse e delimitasse totalmente a potência colectiva e – mais ainda – a dos indivíduos. Os novos movimentos sociais mostram claramente que a consciência material do quotidiano das "massas" está longe de estar totalmente "sob controlo".

A segunda diferença deve-se ao facto de que a "consciência de si" não é senão um dos elementos de uma dominação não hermética. A "consciência de si" não visa apenas as rupturas ou os pontos fracos da influência dos dominantes. Ela insiste sobre um elemento interior e também pessoal da individualidade que permite a apropriação, na prática, das exigências "de cima ou do exterior" e, ao mesmo tempo, [a possibilidade] de a elas nos subtrairmos. A "consciência de si" permite fazer um primeiro traçado das orientações

---

[36] O. Negt, A. Kluge, *Öffentlichkeit und Erfahrung. Zur Organisationsanalyse von bürgerlicher und proletarischer Öffentlichkeit*, Frankfurt, 1972.

e necessidades individuais, difíceis de perceber por um terceiro. Os aspectos da individualidade que se exprimem através da "consciência de si" têm mais importância do que aquilo que deixam entender as "explosões" ou "gritos" ocasionais.

Sentido de si e habitus

As tentativas para apreender mais pormenorizadamente as mediações entre os indivíduos e a sociedade prestam cada vez mais atenção às representações do mundo social que os indivíduos aplicam e aos seus esquemas de percepção. Esta esfera é frequentemente distinta da esfera da "dominação" e da "sociedade", pois ela releva da cultura. Esta distinção, embora tenha sido introduzida para fins analíticos, impossibilita que se vejam as *articulações* e as *rupturas* constitutivas da prática social.

Estas articulações e estas rupturas concretizam-se em situação, ao longo dos diferentes ciclos de vida. Elas cristalizam-se em símbolos que são polissémicos e que veiculam sobretudo as experiências pessoais a que tais símbolos por sua vez remetem, sem por isso as reflectir mecanicamente. As formas de expressões simbólicas prolongam, pois, nas suas formas próprias, a articulação estreita entre os interesses calculáveis, os desejos e as projecções, os medos e as esperanças.[37]

---

[37] Sobre esta concepção de símbolo, cf. V. Turner, *Forest of Symbols. Aspects of Ndembu Ritual*, London, Ithaca, 1973, 2.ª edição, bem como

A proposta de Pierre Bourdieu para caracterizar a função das instâncias mediadoras pelo conceito de *habitus* é, a este respeito, particularmente importante, mesmo se ela encontrou, até agora, poucos ecos.[38] Uma objecção maior pode ser-lhe oposta, pois o habitus enquanto "estrutura estruturante", não permite captar as eventuais contradições entre diferentes relações funcionais. O habitus é um conceito que conduz, implicitamente a rejeitar toda a ruptura decisiva, quer dizer, toda a "fuga" para fora das estruturas estruturantes, ao curto-circuitar as instâncias de mediação sociais. Nesta perspectiva, todas as acções individuais e colectivas apresentam-se como quase similares entre si, ou mais precisamente, elas permitem diferenciar-se entre elas, como, por exemplo, através das "distinções" qualitativas dos consumos alimentares. Mas os motivos e as consequências destas distinções permanecem nos quadros habituais, que elas não fazem senão confirmar. No entanto, o conceito de habitus sublinha o facto de que o distanciamento ou as formas de resistência não aparecem e não se exprimem sempre

---

V. Turner, E. M. Bruner (eds.), *The Anthropology of Experience*, Chicago, Urbana, 1987. O "símbolo presentativo" (segundo a expressão de Langer) é um elemento central da formação das identidades e da sua fixação, como mostra A. Lorenzer, *Das Konzil des Buchhalter. Die Zerstörung des Sinnlichkeit. Eine Religionskritik*, Frankfurt, 1981.
[38] P. Bourdieu, "Strukturalismus und soziologische Wissenswchaftstheorie", em *Zur Theorie des symbolischen Formen*, Frankfurt, 1974. Ver igualmente "Der habitus als Vermittlung zwischen Struktur und Praxis", em *Ertwurf zur einer Theorie der Praxis*, Op. Cit.

da mesma maneira, nem fora de um contexto social.[39] Nesta medida, ele aparece como uma construção analítica que permite compreender que as formas de distanciamento, como o "sentido de si" [*Eigensinn*], utilizam matrizes que não são criações individuais, mas que resultam mais de um trabalho social.

O estudo das formas individuais de distanciamento gera, por consequência, um certo cepticismo em relação às pretensões totalizantes do conceito de habitus como "estrutura estruturante", mesmo que, aqui, os níveis de reflexão não sejam exactamente os mesmos. Efectivamente, o facto de que toda a evasão e também de que todas as formas de auto-distanciamento sejam extraídas do reservatório das linguagens socialmente disponíveis parece-nos ser menos central na nossa perspectiva. Parece mais operatório e mais significativo para a questão da personalidade e da sua multiestratificabilidade interrogarmo-nos sobre a *propriedade de independência* [*Eigenständigkeit*] das "linguagens" da "consciência de si". Quando, por exemplo, os símbolos extraídos de experiências positivas de trabalho são transformados de maneira pessoal, não existe uma subordinação a "regulações sociais" uniformes. É aqui que as reconstruções do "sentido de si" fazem aparecer as "asperidades" da individualidade no quotidiano, pois, por trás da realidade quotidiana do trabalho fabril, transparece a tentativa obstinada

---

[39] G. Pfeffer, "Das fehlende Positive. Sozialdeterminische Aspekte bei Bourdieu und ihr möglicher «Aufklärungswert»", *Neue Sammlung*, n.º 25, 1985.

de se retirar sobre si mesmo, de construir para si ritmos e acentuações pessoais. O "sentido de si" permanece polissémico: compensação em relação às dificuldades sofridas, iniciação à colegialidade e à cooperação, mas também rebelião e animosidade, sobretudo em relação aos inevitáveis colegas.

A autonomia dos dominados

A tese inicial era a seguinte: as análises das relações de dominação permaneciam prisioneiras do modelo dicotómico da vítima e do culpado, embora perseguissem objectivos opostos. Elas conduziam a negligenciar o entramado de relações sociais feitas de dependência e acção pessoal, e por conseguinte, a ignorar a exacta medida da participação dos dominados na sua própria dominação. Deixamos de lado, por agora, a dialéctica ligada à dependência recíproca entre o mestre e o escravo. É preciso contudo recordar dois dos elementos da representação hegeliana da dominação: de um lado, a dependência do mestre por relação ao dominado, que tem precisamente nisso as suas próprias capacidades de acção, pois as possibilidades do escravo estão fundadas sobre a dependência quotidiana do mestre em relação a ele e são reforçadas assim de maneira crescente; de outro lado, para o escravo, a superação da desigualdade de poder é certa e sempre antecipada.

Daí as seguintes conclusões: as abordagens dos processos que procuram compreender as oposições sociais na totalidade das relações sociais, não estarão limitadas por esse cegamento que Herbert Marcuse evidenciou no seu texto polémico intitulado "A noção de negação na dialéctica"[40]? Podemos interrogar-nos sobre uma noção que "na sua totalidade interna" prepara e desenvolve a sua própria negação. Ora, não se trata aqui nem de uma ruptura nem de uma inversão, mas de um simples negação aparente. Pois a invenção, ou melhor, a "libertação" não parece integrada se não no quadro do já existente. É somente aceite uma "dinâmica positiva" que ignora a ruptura, quer dizer, que não permite destacar nem a potência, nem a indeterminação das novas manifestações.

Que podemos então observar para aperceber uma verdadeira "diferença qualitativa"? Onde e como se forma ela historicamente? Quais são estas novas "necessidades" que ocasionam uma "ruptura" histórica com as formas e os hábitos de dominação, e como se constituem elas? Enfim, quais são as consequências a esperar da evasão além das relações, das mediações, das lógicas contraditórias e ao mesmo tempo imbricadas? Podemos reflectir sobre estas consequências de duas maneiras: seja de um ponto de vista teórico-metodológico, seja de um ponto de vista político-moral. No que concerne o primeiro ponto de vista, podemos dizer que a atenção prestada às práticas individuais de autodistanciamento e de "sentido de si" abre uma perspectiva sobre as rejeições e descontinuidades dos campos de acção sociais.

---

[40] H. Marcuse, "Zum Begriff des Negation in der Dialektik", em H. Marcuse, *Ideen zu einer kristischen Thoerie des Gesellschaft*, Frankfurt, 1969.

Nós não presumimos, no caso do "sentido de si", uma identidade homogénea e contínua dos sujeitos. Mas admitimos a relativa autonomia das formas nas quais os indivíduos se apropriam, cada qual à sua maneira, dos constrangimentos exteriores e dos seus próprios desejos. No que concerne ao ponto de vista político-moral, o "sentido de si" justifica também a legitimidade de comportamentos *inconsistentes* e de formas de protecção de si mesmo – e inclusive aquelas que são mais sombrias: a hostilidade ou o egoísmo. Neste sentido, a "negação" dos outros é também uma componente da prática pela qual os indivíduos procuram reencontrar-se. Mas, numa perspectiva macrossocial, estes fenómenos de ruptura levam a perguntar-se em que medida podemos impedir um retorno à barbárie? O fascismo alemão não constitui uma inultrapassável advertência fatídica?

Pode ser que a questão do "lugar" da negação tenha um campo de significação mais largo. Na prática social emergem vozes divergentes, imanando de autores conhecidos ou não, para definir o que é o "si". Não vemos aparecerem contradefinições opostas àquela que os intelectuais e cientistas monopolizam, inclusive os que se reivindicam de uma "abordagem crítica"? Nesta perspectiva, afastarmo-nos da ideia de negação pode ser uma oportunidade para reconsiderar e reconhecer o que é "estranho", os "outros", em vez de os sujeitar imediatamente às nossas próprias concepções da ordem social.

A MILITÂNCIA SINDICAL
NO MARCELISMO

FÁTIMA PATRIARCA

Com a morte política de Salazar e a subida ao poder de Marcello Caetano, verificam-se, ao longo de 1969 e no que às relações entre capital e trabalho diz respeito, mudanças de grande impacto.

Logo em Fevereiro de 1969 e na sequência de uma série de greves na zona industrial de Lisboa, um despacho interno do ministro do Interior, procede, na prática, à descriminalização da greve. A 29 de Maio, a Lei 2.144 concede aos rurais o abono de família e pensões de reforma. A 14 de Junho, o Decreto 49.058 vem retirar os sindicatos da tutela directa do Estado, pondo fim à homologação dos dirigentes eleitos, acabando com a nomeação de comissões administrativas (CA) por tempo ilimitado e impedindo a dissolução dos sindicatos por via administrativa. Por fim, a 28 de Agosto, o Decreto 49.212 concede aos sindicatos reais meios de negociação, tornando a negociação imperativa e criando as figuras da conciliação e arbitragem.

Do lado da sociedade, assiste-se, por um lado, à conquista de sindicatos e ordens por gente da oposição ou desafecta ao regime, com a consequente dinamização da vida sindical, a que se junta uma acentuada radicalização política. Assiste-se, por outro, à intensificação da negociação colectiva que alastra aos sindicatos que permanecem fiéis ao regime e a que aderem também profissões de elevado estatuto social. Por fim, regista-se um aumento significativo da greve, que usada sobretudo na indústria, perde o carácter exclusivamente operário.

Quando o Decreto 49.058 elimina a homologação dos dirigentes eleitos, apenas cinco sindicatos se encontram nas mãos de oposicionistas. Em 1970, no rescaldo das eleições para a Assembleia Nacional, aquele número sobe para 27, ascende a 31 em 1971, a 40 em 1972, a 44 em 1973, e a 48 nos quatro primeiros meses de 1974. Em Dezembro de 1970, os dirigentes do SN dos Metalúrgicos de Lisboa são suspensos e substituídos por uma CA até 15 de Dezembro de 1973, altura em que são realizadas eleições e volta a ganhar uma lista de esquerda. Por sua vez, em Julho de 1971, na sequência da agitação provocada pela prisão de Daniel Cabrita, presidente do SN dos Bancários de Lisboa, o governo manda encerrar os sindicatos de Lisboa e Porto, suspende os corpos gerentes e nomeia CA's, vindo a situação a entrar na normalidade em 1972. Ainda em 1971, a turbulência na Secção Regional de Lisboa da Ordem dos Médicos conduz não só ao pedido de demissão do Bastonário, como à suspensão dos dirigentes eleitos e à sua substituição por um Curador, situação que se vai manter até Abril de 1974.

Se nos lembrarmos de que, em 1969, existe um total de 325 sindicatos e ordens, os sindicatos conquistados por gente da oposição constituem um fenómeno minoritário. Mas se analisarmos a composição profissional destes organismos verificamos estar perante alguns dos mais importantes. Importantes pelo elevado número de sócios, de que são exemplo os populosos SN dos Metalúrgicos do Porto, Lisboa e Braga, o SN dos Caixeiros de Lisboa e o igualmente populoso SN do Têxtil Algodoeiro de Braga. Importantes ainda pelo lugar estratégico que ocupam na economia do país, casos dos Carregadores e Descarregadores do Porto de Lisboa ou dos Químicos de Lisboa. Importantes, enfim, pelo lugar estratégico e pelo elevado estatuto social dos profissionais em causa, com destaque o Pessoal de Voo, Jornalistas, Engenheiros e Médicos. Digamos que as «Listas B» percorrem de alto a baixo a estrutura social portuguesa ainda que o seu peso seja proporcionalmente maior entre os «colarinhos brancos» e as classes de elevado estatuto social e técnico do que entre os operários, os quais, nestes anos, preferem recorrer a coligações precárias de que o exemplo maior é a greve.

Tão significativo quanto a sua composição social é o facto de os sindicatos conquistados por listas desafectas ao regime não pararem de crescer, mesmo quando o governo, a partir de finais de 1970, volta a tomar medidas particularmente restritivas e adversas: instituição do exame prévio a toda a literatura sindical; exigência de autorização para a realização de AG fora das sedes dos SN; fácil suspensão de dirigentes eleitos; criação de mecanismos do seu controlo talvez mais apertados do que a velha homologação; e, por fim, aplicação daqueles mesmos mecanismos aos funcionários sindicais. E porque assim é, a perdurabilidade do fenómeno e a sua tendência crescente marcam um corte em relação à era de Salazar.

Os dirigentes oposicionistas estão longe de ser, à partida, ideológica e politicamente homogéneos. Encontramos republicanos e democratas, socialistas e comunistas, marxistas-leninistas, marxistas independentes, católicos de diferentes matizes, dos ortodoxos aos de esquerda, alguns oriundos da Juventude e Liga Operária Católica (JOC/LOC) e do Centro de Cultura Operária (CCO).

Com o tempo e porventura com a politização do movimento favorecida pelo endurecimento do governo, o pluralismo estreita-se ou tende mesmo a desaparecer. Nuns casos, muda o pessoal dirigente e com ele a corrente ou a orientação dominante, casos dos Metalúrgicos de Lisboa, dos Delegados de Propaganda Médica, dos Bancários de Lisboa e do Porto, dos Seguros de Lisboa, dos Electricistas de Lisboa e dos Jornalistas, cujas direcções de unidade dão lugar a direcções de hegemonia comunista. Noutros casos, o que muda não são as pessoas mas as ideias, caso dos Lanifícios de Lisboa, cujos dirigentes sem abandonar a inspiração católica, passam a reclamar-se, com destaque para Manuel Lopes e António Rosas, do «socialismo revolucionário», corrente de que se tornam líderes no movimento sindical. Os únicos sindicatos que não sofrem demasiadas mudanças são os Químicos de Lisboa e os Técnicos de Desenho, cujos dirigentes permanecem fiéis à orientação

M-L inicial, ou ainda os dos Lanifícios de Leiria, Guarda e Viseu, ou o dos Profissionais de Serviço Social, que se mantêm povoados por católicos de esquerda.

Seja qual for a orientação ideológica e política, o resultado tende a ser sempre o mesmo: um maior dinamismo da vida sindical.

Logo em Outubro de 1970, quatro sindicatos de Lisboa conquistados pela oposição – Caixeiros, Lanifícios, Metalúrgicos e Bancários – criam um esboço de organismo coordenador, as Reuniões Intersindicais (RI), a que aderem alguns sindicatos governados por "Listas A", de que o mais importante, pelo número de sócios e pelas condições logísticas que são postas à disposição das RI, é o SN dos Empregados de Escritório de Lisboa. Proibidas em Dezembro de 1971, dada a contestação da delegação dos trabalhadores à OIT, as RI são retomadas em 1972, em regime de semi--clandestinidade, mas já sem o fulgor inicial.

Uma vez ganhas as eleições, os dirigentes de esquerda introduzem alterações na orgânica e no funcionamento dos sindicatos, que acabam por contaminar muitos dos sindicatos que se mantêm fiéis ao regime.

De uma forma geral aumentam os militantes e as minorias sindicais activas. AG e comissões de trabalho multiplicam-se. Tal como se multiplicam os meios de comunicação escrita, das circulares aos boletins e jornais informativos, com tiragens quase sempre elevadas, ou ainda as conferências e debates sobre questões de actualidade. As AG eleitorais e sobretudo as que têm por objecto a negociação de Contratos Colectivos de Trabalho tornam-se, de maneira geral, mais populosas, participadas e, nalguns casos, também mais radicais. Nem mesmo a presença de representantes da autoridade (sobretudo a partir de 1972), impede que os dirigentes de alguns sindicatos apelem ou ameacem com o uso da greve, como acontece nos SN dos Lanifícios de vários pontos do país, no Sindicato dos Electricistas e no dos Químicos, ambos de Lisboa.

Resultante do decreto que tornara obrigatória a negociação de contratos e acordos, assiste-se a um aumento significativo do seu número, pouco se diferenciando os dirigentes oposicionistas dos que são afectos ao regime, lançando-se uns e outros febrilmente na actividade contratual. Se em 1967, último ano de normalidade da governação de Salazar, o número de convenções rondava as 40, aquele número sobe para 76 em 1970; 142, em 1971; 103, em 1972; 143, em 1973; e 47 de Janeiro a Abril de 1974.

A fórmula organizativa do «Sindicato» e a ideia de «negociação colectiva» passam a gozar de um prestígio nunca antes visto, o que é patente na adesão de Publicitários, Economistas e Professores do Ensino Público, que reivindicam a sua organização em SN, ou ainda dos Pilotos da TAP e dos Engenheiros, que enveredam a fundo pela negociação colectiva. Por sua vez, os Médicos de Lisboa, que tudo fazem para destruir a Ordem, considerada «obsoleta» e «feudal», querem substituí-la por um «verdadeiro sindicato» de «trabalhadores médicos».

Exigindo o novo decreto de enquadramento jurídico da contratação colectiva de trabalho a fundamentação económica das propostas de Contratos e Acordos, fazem a sua aparição nos sindicatos gabinetes técnicos e gabinetes de estudos, a que se junta a reorganização dos serviços do contencioso, para o que recorrem a economistas e a juristas que vão buscar às fileiras da oposição política (CDE, CEUD e extrema-esquerda) e que seria fastidioso nomear tantos eles são. Digamos que esta junção de intelectuais, dirigentes e militantes sindicais, para além de ser quase inédita no período do Estado Novo, tinha uma componente explosiva, em termos da politização e radicalização do sindicalismo neste período.

O terceiro fenómeno é a explosão da greve. Em 1968, o número de greves não ia além de 15. Em 1969, ascende a 90. Entre 1970 e 1973, verifica-se uma ligeira descida com oscilações. Mas, nos primeiros quatro meses de 1974, registam-se, no mínimo, 73 greves.

As 90 greves de 1969 são muito anteriores à conquista dos sindicatos por gente de esquerda ou às eleições para a Assembleia Nacional. Também pouco têm a ver com a contratação colectiva, embora se centrem em reivindicações de natureza económica. A tendência depois inverte-se e a greve passa a estar quase sempre associada à negociação de contratos ou acordos.

Escusado é dizer que o abrandamento da repressão e as regalias que os primeiros grevistas conquistam tendem a difundir a greve que, aos olhos dos operários, se torna um meio de pressão eficaz e sem elevados riscos.

Bancários e Profissionais dos Seguros não só fazem greve, como são, com os Caixeiros, dos grupos mais activos nas ruas de Lisboa, onde não faltam escaramuças e confrontos na Baixa lisboeta com a Polícia de Intervenção. Se nuns casos a greve tem objectivos económicos, noutros os objectivos são claramente políticos e em torno da liberdade sindical. Por sua vez, em começos de 1970, os internos dos Hospitais Civis de Lisboa (HCL) e do Hospital de Santa Maria (HSM), reivindicam a actualização anual dos vencimentos, a subida de três letras na escala do funcionalismo público e o pagamento dos Serviços de Urgência como horas extra nos termos da lei geral. Acabam por entrar em greve em Fevereiro de 1970, vindo a obter vitória quase total, a 3 de Março, passando os seus vencimentos mensais e horas extra de 3.000 para 7.000$. Em Novembro de 1971, os Médicos Internos do HSM e dos HC de Lisboa e do Porto recusam-se a fazer o exame de conclusão do Internato Geral. O Secretário de Estado da Saúde responde com a exoneração de todos os internos do 2.º ciclo, num total de cerca de 350. Os internos passam à greve de zelo e à greve administrativa, greve que alastra aos Hospitais Regionais e, a 26 de Novembro, os internos do Hospital de Santo António do Porto já não comparecem sequer ao serviço. O governo decreta, então, pela primeira e única vez, a requisição militar do HSM e dos HCL. O conflito que opõe agora os dirigentes dos médicos – a que Marcello Caetano não sem razão qualifica de comunistas na teoria, mas de sindicalistas revolucionários na prática – tinha atingido uma exacerbação política máxima.

A greve – bem como as manifestações de rua – deixavam, em suma, de ser uma prerrogativa operária. E as reivindicações têm uma característica comum: o maximalismo. Se uns falam em termos de mais justa distribuição da riqueza, outros, cada vez mais numerosos, fazem-no em nome de uma sociedade sem classes e num tom crescentemente anti-capitalista. Seja como for, nem uns nem outros são parcos no pedir.

Notas finais

A conjugação das reformas com a pressão social vai provocar uma dinâmica quase insuportável para o Estado. Este oscila entre abertura e fecho, o que é a mais perigosa das políticas. A radicalização do movimento em plena guerra colonial e as primeiras dificuldades económicas – caso da inflação a partir de 1972/73 – vão levar o Estado a refrear as reformas iniciais. Mas, com altos e baixos, a contratação atinge níveis nunca alcançados e a greve tinha vindo para ficar.

Estamos perante anos de aumento da urbanização, da terciarização e perante um crescimento económico sem precedentes, que aliados à emigração e à guerra colonial, inverteram o mercado de trabalho: ao país com excedentes populacionais crónicos sucedia-se outro em expansão e com défices de mão-de-obra. Por outro lado, a Portugal foram chegando as ideias marxistas, anarquistas e maoístas que percorriam a Europa em finais da década de 60, e que de forma relativamente rápida transbordam das elites estudantis e intelectuais para as elites sindicais e operárias.

Nos 48 anos do Regime Autoritário, este é um dos movimentos de massas mais duradouros, que engloba quase todos os grupos sociais, embora não tenha sido ele nem as suas expressões políticas que estiveram na origem da queda do regime, antes o impasse da guerra e o golpe de Estado militar. Mas este movimento contém já o código genético da explosão social que se seguirá ao 25 de Abril.

"ESTA NOITE VAMOS TODOS À ASSEMBLEIA GERAL" O CAPITAL MILITANTE DOS PROFESSORES NUMA ZONA DESFAVORECIDA*

FRANCK POUPEAU

São quase 19h na *Bourse du Travail* de Paris, rua do Château d'eau; grupos dispersos, bandeirolas às costas, entram no edifício e sentam-se nos bancos de madeira à volta da pequena tribuna situada ao fundo do anfiteatro – embora ela esteja somente sobre uns poucos degraus, ainda assim permanece abaixo do nível das bancadas concêntricas. Uma larga bandeirola anunciando "Assembleia Geral dos Estabelecimentos de Ensino do 93 em Luta" é estendida na tribuna, presa à mesa por trás da qual estão sentados o "presidente" da sessão e os dois "secretários", que mudam todas as noites. Cada reunião começa por um inventário dos estabelecimentos de ensino presentes: um professor delegado pelos seus colegas faz o balanço da mobilização local e das acções realizadas depois da assem-

---

* Tradução de Bruno Monteiro, com revisão de Virgílio Borges Pereira.

bleia geral precedente. Enquanto os secretários da sessão fazem as contas, o presidente anuncia a ordem de trabalhos, recorda a actualidade da greve, as declarações dos ministros, e as propostas de acção para os próximos dias, que serão debatidas. Na assistência, onde reina um sussurro ligeiro mas constante, as mãos levantam-se para comentar e propor outras moções. Pequenos grupos discutem em voz baixa, alguns levantam-se com o telefone encostado à orelha, os colegas cumprimentam-se, outros saem para responder a algumas solicitações mediáticas para as quais estão, em princípio, mandatados. Por vezes a sessão aquece, um professor acusado de fazer o jogo de tal sindicato ou tal partido é animadamente apupado; alguns professores que cultivam a sua aparência de velhos esquerdistas, cabelos hirsutos e vestuário negligenciado, intervêm nesse momento para tentar propor uma síntese que recolha a adesão geral, antes de sofrer, por vezes, a mesma sorte; um jovem colega enervado, botas da tropa calçadas, intervém então com veemência para recordar a preeminência da luta colectiva sobre os interesses particulares.

Uma tal cena é moeda corrente entre Março e Junho de 1998, depois dos professores de grande parte dos colégios e liceus do departamento de Seine-Saint-Denis (o "93") entrarem em greve, alternando manifestações, ocupações de estabelecimentos e acções simbólicas destinadas a alertar os meios de comunicação social. Eles protestam contra um plano de recuperação [*rattrapage*] ministerial considerado insuficiente para esse departamento, visto como mais desfavorecido face aos outros. Como pode deixar entrever a descrição da assembleia geral, o estudo dos movimentos sociais deve prestar atenção tanto às formas aparentes da acção[1], quanto às lógicas organizacionais que as sustentam[2] (Neveu, 1998): este deve cruzar a observação das motivações individuais e a análise das suas condições sociais, duas dimensões que a noção de "capital militante" permite tomar em consideração.

A dimensão subjectiva da acção e as suas formas colectivas

A interpretação de um movimento social precisa, em primeiro lugar, de compreender o sentido da acção dos contestatários. Nesta perspectiva, a observação participante proporciona um material indispensável[3], que pode ser completado pelos arquivos e pelos testemunhos escritos, visuais ou audiovisuais. Assim, o movimento dos professores de Seine-Saint-Denis começou pelo anúncio de um "plano de recuperação" pelo departamento, julgado aquém das necessidades, na medida em que os meios disponibilizados vinham a ser reduzidos desde há muitos anos. O descontentamento suscitado pela insuficiência do dispositivo foi reforçado pelas declarações do Ministro da Educação da

---

[1] Daniel Cefaï, *Pourquoi se mobilise-t-on ? Les théories de l'action collective*, Paris, La Découverte, 2007.
[2] Erik Neveu, *Sociologie des mouvements sociaux*, Paris, La Découverte, 1998.
[3] Everett C. Hughes, *Le regard sociologique. Essais choisis*, Paris, Editions de l'EHESS, 1997.

época, Claude Allègre, que anunciou querer "desengordar o mamute" da Educação Nacional, pois bastaria "mudar as práticas pedagógicas" para remediar o fracasso escolar. No primeiro plano das motivações explícitas dos grevistas figuravam, assim, não só a política do ministro mas também a sua personalidade.

O sentido atribuído a uma mobilização por cada indivíduo é fortemente enquadrado por todo um conjunto de rituais colectivos: os desfiles atrás de faixas em nome de cada unidade mobilizada (estabelecimento escolar, secção departamental, fábrica, etc.), as palavras de ordem proferidas pelos manifestantes em resposta às solicitações verbais do porta-voz (além disto, empoleirado as mais das vezes na traseira de uma furgoneta dotada de um equipamento sonoro), o trajecto das manifestações que reveste uma simbólica específica (fazer um *sit-in* perante um Ministério ou um encontro na Praça da Bastilha, etc.), a distribuição de folhetos aos passantes ou aos espectadores, etc. – tantas outras acções codificadas que permitem pela descodificação das suas formas de acção interpretar um movimento de protesto[4]. Desta maneira, o "Movimento do 93" posicionou-se de repente sobre o terreno mediático a fim de produzir um "inversão do estigma"[5] relativamente ao discurso ministerial: redacção quotidiana de comunicados de imprensa

---

[4] Patrick Champagne, *Faire l'opinion. Le nouveau jeu politique*, Paris, Minuit, 1991.
[5] Ervin Goffman, *Stigmates. Les usages sociaux des handicaps*, Paris, Editions de Minuit, 1987.

recapitulando o estado da greve e anunciando as iniciativas futuras, contactos pessoais com os jornalistas para assegurar o acompanhamento e fazer passar os testemunhos dos professores, afirmação do carácter não corporativo do movimento e da situação de degradação das condições de ensino para os alunos, apresentação do apoio dos pais dos alunos dos estabelecimentos mobilizados, e sobretudo o reconhecimento de um porta-voz único – a "Assembleia Geral dos Estabelecimentos do 93 em Luta", espécie de coordenadora que reunia várias vezes por semana todos os sindicatos e os representantes dos estabelecimentos.

Os sindicatos de professores contribuíam assim para estruturar a experiência vivida da greve. Esta teve, de facto, lugar num departamento marcado por uma forte implantação das organizações militantes de esquerda ou de extrema-esquerda (Partido Comunista [Francês], Liga Comunista Revolucionária, Partido dos Trabalhadores, etc.), e uma forte taxa de sindicalização entre os professores (em particular no SNES, o *Syndicat National de l'Enseignement Secondaire*, então maioritário tanto ao nível departamental como ao nível nacional). Uma parte dos professores em greve caracterizava-se, assim, por um militantismo ao mesmo tempo dentro da escola, no seio da secção departamental de um sindicato de professores, e fora da escola, no seio de um partido político. Este duplo jogo manifestava-se notavelmente nas assembleias gerais: às primeiras intervenções espontâneas dos jovens professores opunham-se os usos da palavra calculados, em momentos decisivos, de professores visivelmente mais velhos, e mais experimentados politicamente. As suas intervenções constituíam contribuições ao mesmo tempo para a greve e para disputas mais amplas, opondo as organizações políticas que apoiavam o movimento a diversos graus.

A observação destas reuniões políticas revelou assim a importância do domínio [maîtrise] de um certo número de técnicas militantes, em particular a arte de saber intervir no bom momento, demarcando as suas propostas das propostas de outras organizações sem por isso as atacar de frente, etc. Este saber-fazer encontrava-se também na preparação das manifestações: os professores sindicalizados obrigavam as suas hierarquias departamentais a aceitar um pré-aviso de greve (quando não ocupavam eles próprios essas funções); eles preparavam nos seus estabelecimentos escolares o material destinado a enquadrar o desfile: bandeirolas, canetas de feltro para escrever sobre as pancartas individuais, folhetos, etc. A importância destes saberes-fazer para o sucesso dos movimentos de protesto (assembleias gerais ou manifestações de rua particularmente) permite assim construir uma primeira aproximação à noção de capital militante, que designa não só um conjunto de recursos mobilizáveis (técnicas materiais, apoio organizacional, etc.), mas sobretudo o domínio [maîtrise] prático desses recursos[6].

---

[6] Frédérique Matonti e Franck Poupeau, "Le capital militant. Essai de définition", *Actes de la Recherche en Sciences Sociales*, 2004, 155, p.5-12.

As noções de capital e de campo aplicadas ao militantismo

A noção de capital militante não traria, contudo, muito mais para além das teorias da "mobilização de recursos" se ela não estivesse associada a um "campo do militantismo" correspondente, que se define em função das organizações e agentes mobilizados ao nível local, mas também do contexto mais lato (nacional ou internacional). Assim, as formas de acção do "Movimento do 93" remetem ao espaço das organizações mobilizadas: enquanto a tradição sindical maioritária do SNES (a tendência *Union & Action*), cujos dirigentes estão próximos do Partido Comunista Francês, privilegiava o efeito de número nas manifestações pontuais no centro de Paris, os grupos radicais (nomeadamente a tendência minoritária *Ecole Emancipée* do SNES, misturando anarco-sindicalistas e trotskystas) impulsionaram acções que pertencem ao registo do sindicalismo revolucionário: as ocupações de estabelecimentos com os pais e a greve continuada [reconductible][7].

A noção de campo do militantismo, definida no cruzamento da mobilização local e do campo político nacional, permite restituir as tomadas de posição dos professores mobilizados às posições que eles ocupam no sistema das organizações envolvidas. Ela apresenta a vantagem de combinar os contributos de duas noções frequentemente utilizadas nas ciências políticas: a de "arenas do conflito",

---

[7] Bertrand Geay, "Espace social et 'coordinations'", *Actes de la Recherche en Sciences Sociales*, 1991, 86, p.2-24.

que identifica os agentes sociais mobilizados (organizações políticas e sindicais, instituições do Estado às quais elas se dirigem, etc.), e a de "estrutura das oportunidades políticas" que determina as possibilidades de acção tanto quanto as probabilidades de sucesso das mobilizações. No caso da greve dos professores de 1998, o contexto político de "maioria plural" que unia então o Partido Socialista e o Partido Comunista no mesmo governo explica a ambivalência do SNES na época do movimento. De um lado, o PC tinha interesse em sustentar a greve e apoiar os seus militantes sindicais para colocar pressão política sobre o PS; de outro lado, ele tinha também interesse em mostrar que controlava suficientemente o movimento, impedindo por exemplo a sua extensão nacional, a fim de poder negociar ao nível governamental (o PS tinha necessidade dos presidentes de câmara e dos deputados do PC para ganhar eleitoralmente o [departamento] "93").

As assembleias gerais do movimento deram, assim, lugar a afrontamentos entre, de uma parte, os membros do sindicato maioritariamente próximo do PC, que punham a ênfase sobre as medidas concretas para um departamento percebido como desfavorecido, e onde o partido conservava ainda a maioria dos eleitos, e de outra parte os militantes da extrema-esquerda não comunista que pressionavam pelo alargamento nacional e pelo prolongamento da acção, para ultrapassar ao mesmo tempo o ramo maioritário do SNES e o PC, e ganhar outras bases militantes. O capital militante dos grevistas de extrema-esquerda consistiu, enfim, em explorar a posição ambivalente e os não-ditos do sindicato maioritário nas disputas profissionais e políticas do momento: a "Assembleia Geral dos Estabelecimentos do 93 em Luta" impulsionou assim uma radicalização da acção que a direcção moderada não pode senão seguir sob pena de aparecer como um travão à acção da "base".

Os contextos de mobilização diferenciados: as desigualdades sócio-espaciais entre os estabelecimentos

Esta sobredeterminação do campo do militantismo escolar pela política nacional não pode, no entanto, ocultar o peso dos factores próprios de Seine-Saint-Denis, departamento então emblemático do "problema dos bairros" [*banlieues*]. A fim de escapar à visão miserabilista de uma zona percebida como uniformemente desfavorecida, onde os professores estariam mais "em dificuldades", a nossa pesquisa reconstruiu o espaço dos estabelecimentos em greve[8], aí incorporando as propriedades escolares e familiares dos alunos (resultados da caderneta dos colégios, profissão dos pais), a composição das equipas pedagógicas (idade, escalão, sindicalização) e o contexto económico e social de cada estabelecimento (percentagem de habitação social, repartição das categorias sócio-profissionais). Uma análise de correspondências múltiplas permitiu, de seguida, colocar estas variáveis em relação com a intensidade da adesão nos estabelecimentos respectivos: o grau

---

[8] Franck Poupeau, *Contestations scolaires et ordre social. Les enseignants de Seine-Saint-Denis en grève*, Paris, Syllepse, 2004.

de mobilização sendo estabelecido em função dos dados sindicais e da imprensa regional sobre as percentagens de grevistas e as formas de luta adoptadas (greve pontual nos dias de manifestação, greve continuada, ocupação do estabelecimento, etc.).

Se os resultados revelaram a existência de uma relação de associação global entre estabelecimentos desfavorecidos e adesão à greve, não foram, contudo, os estabelecimentos mais desfavorecidos que aderiram mais sistematicamente (inversamente, os estabelecimentos mais bem dotados, reunindo, nas freguesias mais favorecidas, os indicadores mais favoráveis escolar e socialmente, foram os menos mobilizados). Entre os 170 estabelecimentos secundários do departamento, os mais activos, em greve continuada com ocupação durante os dois meses e meio de mobilização, foram sobretudo as escolas em situação intermédia: resultados médios e com tendência para descer, alunos provenientes de meios progressivamente populares, equipas pedagógicas misturando as diferentes categorias de professores (segundo a idade, o estatuto, a taxa de sindicalização). A análise estatística permitiu destacar dois pólos da mobilização a partir das variáveis mais explicativas: aqueles que possuíam uma equipa pedagógica com forte tradição sindical e aqueles que conheciam uma forma de degradação da sua situação, tanto ao nível dos resultados como do recrutamento social dos alunos.

As dificuldades destes estabelecimentos aparecem ligadas à homogeneização "por baixo" do recrutamento dos alunos, nomeadamente através do aumento das derrogações na carta escolar que produzem a "fuga" dos alunos de meios favorecidos para outros estabelecimentos públicos ou para o privado. Deste ponto de vista, os estabelecimentos mais mobilizados sofreram os efeitos cruzados da segregação residencial e da segregação escolar, que se repercutem sobre as escolhas de escolarização das famílias nos estabelecimentos do bairro [*quartier*]. Estes resultados questionam a capacidade de adaptação dos professores aos seus "novos públicos" populares[9]. De facto, as determinantes sociais da mobilidade das carreiras dos professores são menos os factores geográficos (regresso à região de origem, etc.) do que "os resultados de uma insatisfação relativamente à composição social das populações escolares"[10]. Face aos efeitos da segregação sócio-espacial, a reacção dos professores obedece então à lógica clássica de *exit/voice*[11]: ou exige a sua transferência para uma academia menos "sensível", ou se mobiliza para melhorar as suas condições de trabalho.

Se em termos de horas por aluno, a dotação de Seine-Saint-Denis decresceu em relação ao resto da França ao longo de muitos decénios, esta evolução do pessoal teve efeitos qualitativos sobre a morfologia do corpo de profes-

---

[9] Stéphane Beaud e Florence Weber, "Des professeurs et leurs métiers face à la démocratisation des lycées", *Critiques Sociales*, 1992, 3-4, p.59-121.

[10] Howard S. Becker, "The Career of a Chicago Public Schoolteacher", *American Journal of Sociology*, 1952, 57, p.470-477.

[11] Albert O. Hirschman, *Exit, Voice and Loyalty. Responses to Decline in Firms, Organizations and States*, Harvard University Press, 1970.

sores, com um maior número de professores com menos de 30 anos e o reforço do carácter transitório da afectação a Seine-Saint-Denis, que se tornou uma etapa obrigatória antes de poder aceder a zonas menos difíceis. A morfologia do corpo de professores no Seine-Saint-Denis no final dos anos 1990 caracterizava-se, assim, por uma forte rotação dos efectivos, que tornavam problemática a consolidação das equipas pedagógicas. Mas neste departamento "difícil" e "pouco atraente", os professores colocados há alguns anos parecem animados por uma verdadeira "vocação": embora pudessem partir para regiões mais bem "cotadas" e mais bem "dotadas", eles permaneciam por causa da sua "adesão" ao ofício de professor. Essa adesão exprimia-se através do investimento tanto no estabelecimento e na relação pedagógica, como no interior de uma organização sindical.

O "Movimento do 93" enraizou-se nesta estrutura específica do corpo de professores de Seine-Saint-Denis, que produziu o encontro entre os "jovens profes" e as redes militantes implantadas duravelmente no corpo de professores do departamento. Mas mais do que a oposição entre "jovens" e "velhos", que revelava a observação das assembleias gerais, foi a maneira como os professores conjugavam a sua adesão a um partido ou uma estrutura sindical, de um lado, e no seu estabelecimento, de outro lado, que se verificou discriminante. Esta dupla dimensão organizacional e profissional encontra-se ao nível das "carreiras" individuais através das quais se constrói o capital militante.

O capital militante através das carreiras individuais

As entrevistas realizadas com os não-grevistas fez aparecer a perda de crença na eficácia de uma qualquer acção política, institucional ou contestatária, e um discurso convencionado sobre a "descida de nível" ou a "degradação" das condições de ensino. Face a uma situação percebida como irremediável, o ensimesmamento individual parece não ser uma simples demissão mas antes a solução mais coerente, e a menos "custosa" tanto em termos afectivos quanto em termos de adesão, na expectativa de encontrar melhor algures. A adesão dos grevistas, pelo contrário, diferenciava-se em função do seu capital militante: as tomadas de posição dos professores apareciam correlacionadas com o volume de capital detido no momento da greve mas também com as modalidades da sua aquisição, segundo as lógicas organizacionais e/ou profissionais que caracterizam cada carreira individual.

Os professores em situação transitória, transferidos para a região parisiense durante os seus primeiros anos, foram apresentados pelos meios de comunicação social, mas também pela assembleia geral dos estabelecimentos, como a figura emblemática dos professores em greve que, por falta de meios, não chegavam a exercer nas "zonas sensíveis". Eles representavam uma forma de adesão à margem dos jogos sindicais e das disputas políticas, com um capital militante em gestação, com uma frágil dimensão política e organizacional. A dinâmica colectiva do estabelecimento explica então a adesão à greve, vivida de forma intensa, sob a forma de uma verdadeira integração na vida da escola. Um jovem professor de inglês falava assim de um "ambiente de festa", que permitia uma "boa coesão do conjunto da equipa"; após as "AG's do 93", foi-lhe preciso ligar-se a um conjunto de tarefas militantes, que constituíram também uma ocasião para encontrar os pais dos alunos: preparação dos comunicados, folhetos, bandeirolas para as manifestações.

Esta imagem do "jovem professor não sindicalizado" mobilizando-se para denunciar as condições de ensino difíceis está contudo longe de resumir o conjunto e a variedade da mobilização. Assim, os jovens professores dotados de um capital militante previamente adquirido numa organização estudantil, manifestavam uma forte reticência em relação à acção do SNES, o sindicato maioritário, sempre suspeito de querer travar a greve. As poucas respostas institucionais dadas às reivindicações, colocou-os em ruptura com a "política de negociação" das principais organizações sindicais e conduziu-os a privilegiar a defesa das condições de trabalho dentro dos seus próprios estabelecimentos.

Ao lado desta acumulação de capital militante no quadro profissional, os militantes "organizacionais" que exerceram responsabilidades sindicais e/ou partidárias nas suas secções departamentais, mostraram-se na sua maioria muito activos desde o início da greve: colocados no mesmo estabelecimento há mais de vinte anos, eles recusavam "sair dos bairros da periferia" [banlieues] com o pretexto dos pontos de transferência acumulados com a antiguidade. Eles estão, contudo, longe de representar um grupo uniforme. Assim, um professor que valorizava a sua fidelidade ao ideal comunista alegava ter-se, entretanto, fechado sobre o seu meio profissional face à "traição" do PCF e do SNES aos quais desde sempre pertenceu: ele foi, assim, ao encontro das posições dos militantes mais radicais contra a sua direcção departamental. Os militantes de extrema-esquerda viram, ao contrário, no "movimento do 93" a ocasião de alargar as reivindicações para além do quadro escolar e pedagógico, num movimento inverso que ia do profissional ao organizacional: numerosos de entre eles, de resto, mudaram-se recentemente do SNES à SUD (*Solidaires, Unitaires, Démocratiques*), um sindicato intercategorial que teve um papel motor durante o movimento social de dezembro de 1995.

O "movimento do 93" reagrupou uma diversidade de adesões e de condições pela defesa de um "caso" e de uma "causa", da situação de um departamento "sinistrado" e de um direito à educação igual para todos. A indeterminação do "Vamos Todos à AG" mascara bem a diversidade de uma mobilização sob a ficção de uma delegação política "bem-sucedida", no sentido em que o principal sucesso da greve não foi obter mais meios (sempre insuficientes, no fim de contas), mas sim criar uma convergência de acção que contribuiu para revalorizar a imagem das zonas de educação até aí desprezadas pelas políticas públicas.

"VAMOS LÁ ACIMA!".
CRISE DO ESTADO E AÇÃO COLETIVA NO CENTRO HISTÓRICO DO PORTO (1974-1975)

JOÃO QUEIRÓS

Das possibilidades da ação coletiva em meios populares deserdados

A forma empenhada como, na cidade do Porto, e em particular no seu núcleo antigo, importantes segmentos das classes populares se envolveram no processo político que sucedeu ao golpe militar que, a 25 de abril de 1974, pôs termo ao «Estado Novo» assume, para grande parte dos espectadores e até para muitos dos seus protagonistas, os contornos de um verdadeiro paradoxo[1]. Especialmente

---

[1] Uma versão desenvolvida deste texto pode ser encontrada em: J. Queiros, "Precariedade habitacional, vida quotidiana e relação com o Estado no centro histórico do Porto na transição da ditadura para a democracia". *Análise Social*, XLVIII (1.º), 206, 2013, pp.102-133. O projeto de investigação na sua origem está em fase de conclusão, tendo sido financiado pela Fundação para a Ciência e a Tecnologia (ref.ª SFRH/BD/46978/2008), com verbas

notória nas múltiplas mobilizações que, nos primeiros anos do novo regime, tiveram como *leitmotiv* os temas do acesso à habitação e da qualificação urbanística e social dos espaços urbanos mais degradados, a grande intensidade deste envolvimento teve lugar, em diversos casos – e aqui reside o aparente paradoxo –, *apesar* do leque relativamente reduzido de recursos económicos e culturais ao dispor dos seus protagonistas, da tradicional estigmatização e menorização pública destes agentes sociais e da sua suposta "passividade" e "descrença" face às virtualidades das tomadas de posição políticas e, enfim, face às possibilidades de uma ação estatal transformadora dos seus quadros de vida.

Com efeito, foi nalguns dos mais marginalizados contextos socioterritoriais da cidade do Porto que surgiram as mais precoces e mais enérgicas formas de organização e de mobilização popular deste período da história do país; eis, pois, um bom ponto de partida para uma reflexão sócio-histórica e sociológica acerca das condições de possibilidade da participação das classes populares na esfera do político e, bem assim, acerca da relação destas com o Estado.

Contra uma visão essencialista das práticas sociais e da participação cívica e política, mas também contra uma perspetiva mecanicista do funcionamento das sociedades, este texto pretende fornecer, de forma necessariamente breve, algumas pistas capazes de revelar como as mobilizações de

---

do POPH/QREN – Tipologia 4.1 – Formação Avançada, comparticipadas pelo Fundo Social Europeu, e fundos nacionais do Ministério da Educação e Ciência.

"VAMOS LÁ ACIMA!"

moradores verificadas no Porto e em várias outras cidades portuguesas após o 25 de abril de 1974 só em aparência são paradoxais. Na verdade, elas estão longe de poder ser entendidas enquanto tal, correspondendo antes ao resultado (coerente) do encontro entre, por um lado, matrizes locais de disposições dotadas de tipos específicos de competências e de propensões para a participação social e política e, por outro lado, estruturas de oportunidades aptas a proporcionar as condições de enunciação e atualização dessas específicas competências e dessas específicas propensões para a ação[2].

Por outras palavras, o que a reconstituição sócio-histórica das mobilizações de moradores características do período imediatamente posterior ao 25 de abril de 1974 parece oferecer é um conjunto de elementos empíricos passíveis de fundamentar uma proposta analítica mais adequada à

---

[2] Esta proposta inscreve-se numa linha de trabalho que, reportando-se ao *corpus* teórico da sociologia de Pierre Bourdieu, procura restituir uma maior complexidade às análises dos quotidianos populares, através de uma atenção às particularidades das configurações sociolocais e às práticas e processos de simbolização que nelas têm lugar. Em particular, faz-se uso aqui da noção, proposta por Pinto e Pereira, de "matriz local de disposições" ou, mais precisamente, "matriz local de *habitus*", que designa o "conjunto de geradores d[o] conhecimento prático *recíproco* sobre os princípios – igualmente práticos – a partir dos quais os agentes produzem e atribuem sentido e orientam a acção". J. M. Pinto e V. B. Pereira, "Classes, relações de *habitus* e efeitos de lugar. Um estudo sobre sociabilidades, estilos de vida e anomia no centro do Porto". *Cadernos de Ciências Sociais*, 24, 2007, p.122.

compreensão da participação política das classes populares na cidade contemporânea, fenómeno tantas vezes redutoramente entendido como simples decorrência mecânica de "transformações estruturais" ou de "instrumentalizações partidárias", instintiva libertação de "tensões reprimidas", ou então como manifestação de uma singular "cultura política" (definida quase sempre em termos bipolares, ora pela sua "combatividade", ora pela sua "passividade")[3]. No fundo, trata-se de tentar perceber, a partir da exploração analítica de uma realidade histórica e socialmente situada, e para lá destas propostas explicativas excessivamente simplificadoras, quais são, afinal, as *condições de possibilidade* de uma tal participação política.

Num contexto como o do centro histórico do Porto da década de 1970[4], habitado por uma maioria de agentes

---

[3] Em Cerezales (*Op. Cit.*), pode encontrar-se uma crítica devidamente sustentada – que este texto em grande medida subscreve – relativamente a este tipo de leituras mais ou menos comuns dos processos de mobilização popular.

[4] O território a que comummente se chama "centro histórico do Porto" corresponde, no imaginário local, bem como na esmagadora maioria dos enunciados político-administrativos e dos trabalhos académicos, à área conjugada das freguesias de Miragaia, S. Nicolau, Sé e Vitória, situadas no coração antigo da cidade, junto ao rio Douro. Informações mais detalhadas sobre a situação social do centro histórico do Porto na década de 1960 e primeira metade da década de 1970 estão disponíveis em J. Queirós, "Precariedade habitacional, vida quotidiana e relação com o Estado no centro histórico do Porto na transição da ditadura para a democracia". *Análise Social*, XLVIII (1.º), 206, 2013, pp.102-133. Uma parte dessas informações provém

sociais económica e culturalmente descapitalizada, simbolicamente depreciada e habitualmente marginalizada pela ação estatal, como foi, enfim, possível que aos acontecimentos de abril de 1974 sucedesse um tão intenso envolvimento na vida cívica e política local (e mesmo supralocal), com ocupação e distribuição de casas, criação e dinamização de comissões de moradores, organização de ações de protesto, participação na elaboração de propostas e projetos, desempenho de cargos associativos e políticos, entre outras iniciativas?

Na verdade, nas vésperas do 25 de abril de 1974 nada fazia prever a eclosão destas movimentações; técnicos ao serviço da Câmara Municipal, trabalhadores das instituições sociais locais e mesmo alguns moradores coincidiam na representação de uma população "farta de estudos", "desconfiada" e "descrente", por vezes parecendo à beira da "revolta", mas revelando-se quase sempre "passiva" e "expectante" (ver caixa).

Crise do Estado e movimentações de moradores no centro histórico do Porto após o 25 de abril de 1974

Perante um quadro como o que no final do ponto anterior se apresenta, não se estranha que a presteza e grau

---

de documentação oficial como a que está compilada em Divisão de Habitações Municipais/Direção dos Serviços de Habitação/Câmara Municipal do Porto [DMH/DSH/CMP] (1973). *Plano de Renovação Urbana do Barredo*. Porto: Câmara Municipal do Porto.

de estruturação das formas de mobilização e ação coletiva dos moradores do centro histórico do Porto logo após o golpe de 25 de abril de 1974 tenham apanhado de surpresa mesmo os mais profundos conhecedores da realidade desta área da cidade, incluindo muitos moradores, que ainda hoje, à distância de quatro décadas, se questionam sobre como "tudo aquilo" foi possível em "tão pouco tempo".

Três pontos de vista – em grande medida convergentes – sobre os moradores do centro histórico do Porto nas vésperas do 25 de abril de 1974

A perspetiva da equipa técnica responsável pela elaboração para a Câmara Municipal de um "Estudo de Renovação Urbana" do Barredo, coração do centro histórico...

[I]mpõe-se uma acção intensa de preparação e elucidação da população, no sentido de a tornar consciente dos objectivos e resultados daquelas operações. Só desse modo se conseguirá a eliminação da má vontade e da desconfiança que normalmente existem nas populações afectadas – e nós sabemos bem, por experiência vivida, o que se passa no Barredo (...). [Távora, F. (Coord.) (1969). *Estudo de Renovação Urbana do Barredo*. Porto: Câmara Municipal do Porto, pp. 35-36]

... de um morador da zona...

Nós sabemos que isto não dá nada, não acreditamos e não queremos mais estudos. Esta é a última vez. Na próxima, digo: "Vão, procurem outros mais novos, que eu estou farto de ser estudado, farto, compreende?". [Távora, F. (Coord.) (1969). *Idem*, p. 22]

...e de uma educadora de infância, entrevistada em 2009, que à época trabalhava numa instituição local:

Em relação ao Estado, [os moradores do Centro Histórico] estavam sempre à espera que as coisas viessem de fora. Eles não lutavam pelas coisas, era sempre a Junta, a Câmara ou não sei quê que deveria modificar as coisas, pronto, porque eles próprios resignavam-se um pouco perante aquela situação. (...) Portanto, aquilo era um espaço

> abandonado, um espaço abandonado pelas instâncias superiores, mas que, de repente, começou a interessar... como turismo aquilo começou a interessar. (...) Até aí cada um vivia no seu canto. Nunca ninguém os chateou, aquilo era deles, faziam a sua vida, não havia grande problema. A partir daí, foi quando começou a pôr-se a questão deles terem que sair dali, porque realmente não havia condições para... para eles estarem a viver naquele... (...) [Mas] eles não eram politizados. Aliás, havia poucas pessoas politizadas nessa época, não é? Eu acho que... Ia-se atrás dos outros e não havia... as pessoas não viviam para a política, não sabiam o que isso era, sabiam que havia umas pessoas que mandavam e que tinham que transformar de alguma forma a sua vida, mas não havia aquela ideia de partido ou de... na altura... não é?

A velocidade dos acontecimentos que sucederam ao derrube da ditadura é tudo menos consentânea com o diagnóstico de "passividade", "resignação" e "apolitismo" por vezes associado à população do centro histórico do Porto: a 1 de maio, grupos de moradores participam organizadamente nas comemorações do dia do trabalhador, reivindicando, com outros portuenses provenientes de contextos residenciais igualmente marginalizados, o "direito à habitação"[5]; na mesma altura, é constituída uma comissão de moradores *ad*

---

[5] Dados relevantes sobre o que se passava, nesta altura, noutros contextos da cidade do Porto podem ser obtidos em M. Rodrigues, *Pelo Direito à Cidade. O Movimento de Moradores no Porto (1974/76)*. Porto: Campo das Letras, 1999. Sobre outras cidades do país, vejam-se, por exemplo, os trabalhos de C. Downs, *Revolution at the Grassroots. Community Organizations in the Portuguese Revolution*. Albany: The State University of New York Press, 1989; e J. Baía, "Novos tempos, muitas vontades. Adesão à autoconstrução no âmbito do SAAL para pôr fim a vinte anos vividos em barracas de madeira". In R. Cachado; J. Baía (Org.). *Políticas de Habitação e Construção Informal*. Lisboa: Mundos Sociais, 2012.

hoc na área da Fonte Taurina, cujas ações junto da Câmara Municipal hão de garantir a mais de uma centena de famílias alojadas em "quartos mobilados" o acesso a habitações devolutas em bairros de renda social da cidade; outras famílias envolvem-se no movimento de ocupações que percorre a cidade nos primeiros meses após o 25 de abril de 1974; nascem novas associações e criam-se comissões de moradores, primeiro no Barredo, depois nas vizinhas Reboleira e Fonte Taurina, mais tarde no Bairro do Aleixo (espaço de habitação camarária situado na bordadura do centro da cidade para onde serão deslocadas, em virtude do início das operações de renovação urbana, cerca de três centenas de famílias do núcleo antigo); estas comissões de moradores serão responsáveis por inúmeras ações, antes e depois da institucionalização e arranque das operações de renovação urbana, desde a realização de levantamentos sociográficos da população local à gestão dos processos de realojamento, passando por ações de protesto e pressão pública.

Os exemplos avançados por duas assistentes sociais que trabalhavam no centro histórico do Porto nas vésperas do 25 de abril de 1974 e que se viram ativamente envolvidas nas mobilizações de moradores do período revolucionário são elucidativos desta – para muitos surpreendente – capacidade de aproveitamento das margens de ação cívica e política abertas pelo processo de mudança de regime. No primeiro caso relatado, os moradores aproveitam a crise dos direitos de entrada e a instabilidade dos princípios de estruturação do campo político típica deste período para transformarem um dos seus principais recursos – a força física – num capital atuante no universo político-institucional, de uma forma que, num outro contexto espácio-temporal, seria, se não impensável, totalmente subversiva:

> Foi a população (...) que descobriu que a Câmara tinha casas devolutas nos bairros camarários e que veio ter comigo e com a F. e que disse claramente: "As meninas conhecem as nossas situações. Ou vêm ou não vêm. Nós vamos avançar pra termos casa própria". E lá fomos exigir as habitações devolutas que havia nos bairros. Eles tinham feito um levantamento e até me lembro que chegaram à nossa beira e nos disseram: "Sabemos que a Câmara está na disposição de nos dar as casas. Venha connosco lá acima". Eu fui com eles lá acima, à Câmara; eles entraram por ali adentro – alguns eram estivadores, assim homens para o forte – e disseram: "Queremos falar com o diretor de serviços". Havia uma fila enorme de pessoas para atender... isto em maio de [19]74. E ele mandou dizer: "Eu atendo a senhora, mas não atendo os senhores". Ao que eles disseram: "A menina vá lá dentro e diga-lhe que ou as casas são pra nós ou nós damos-lhe já uma trepa que o estendemos". Quem estava naquele lugar era o engenheiro T., que já morreu. E eu entrei lá dentro, ele foi muito delicado, mas eu levava tanta força deles, que disse: "Ó senhor engenheiro, nem vale a pena falarmos. O senhor ou os vai receber e as casas são pra eles ou eles entram aqui, dão-lhe uma trepa que o estendem. Foram eles que me pediram para comunicar isto". Ele ficou muito nervoso, mandou bloquear toda a gente, não recebeu mais ninguém nesse dia, mas as casas, de facto, foram pra eles.

Numa outra situação, ocorrida pouco tempo depois da anterior, é a perceção da elevada probabilidade de sucesso de uma ação influenciadora do curso do processo legislativo que impele à mobilização, desta feita revestida de cariz dialogante e estrategicamente delegada em porta-vozes percebidas comummente como sendo "autónomas":

> E então eu lembro-me que uma vez (...) eles disseram: "Neste momento, é preciso um decreto para a gente entregar as casas [entretanto ocupadas] a toda a gente do Barredo, porque elas não estão legais". E nós falámos com eles e lá fomos nós a Lisboa pedir o decreto. Naquela altura, arranjava-se um decreto de um dia para o outro... E lá fomos as duas de avião. Chegámos a casa do M., que nessa altura era ministro, era noite. Não nos atrapalhámos, saímos do avião e apanhámos um táxi para irmos a casa do M. O senhor já estava em pijama, mas atendeu-nos – pra ver como era na altura, no pós-25 de abril, como as coisas se passavam. "Nós fazemos este trabalho assim e assim e as pessoas...". Sei que ele se informou se íamos [da parte] de alguma força política, mas, como viu que éramos autónomas, fez o que nós pedimos. Então, pedimos o decreto. E ele diz: "E as senhoras para quando queriam o decreto?". "Bem, nós queríamos para amanhã de manhã". E ele disse: "Pois, tenho Conselho de Ministros às dez [horas]... Se for um bocadinho mais cedo para vos arranjar o decreto de manhã...". Quando viemos, às duas horas [da tarde], já o decreto estava publicado; portanto, faziam-se coisas com uma rapidez impressionante...

"VAMOS LÁ ACIMA!"

A criação, por um dos governos provisórios, ainda em 1974, do Comissariado para a Renovação Urbana da Área da Ribeira-Barredo (CRUARB) conferirá finalmente enquadramento institucional às propostas que, desde os últimos anos da década de 1960, uma parte do pessoal técnico da Câmara Municipal vinha preconizando e procurará proporcionar a diversas pretensões das comissões de moradores locais um horizonte estruturado de concretização. Na sua génese, o CRUARB reivindicará uma visão da intervenção social e habitacional assente em princípios como a defesa da residência das classes populares nos seus bairros de origem e a recuperação e valorização do património histórico, cultural e edificado do centro histórico da cidade. E trabalhará em intensa articulação, mas não sem frequentes desinteligências, com os moradores e as suas comissões[6].

Para a jovem geração de arquitetos, engenheiros, assistentes sociais e outros técnicos que ocupa estas novas plataformas institucionais – uma geração formada, muitas vezes, em círculos culturais e académicos heterodoxos, no seio do

---

[6] Para uma narrativa "oficial" acerca da ação desta instituição ao longo do último quartel do século XX, veja-se: Comissariado para a Renovação Urbana da Área da Ribeira-Barredo [CRUARB], *CRUARB – 25 Anos de Reabilitação Urbana*. Porto: Câmara Municipal do Porto. 2000. Sobre a evolução das políticas de "reabilitação" do centro do Porto depois das ações seminais do CRUARB, consulte-se: J. Queirós, "Estratégias e discursos políticos em torno da reabilitação de centros urbanos: considerações exploratórias a partir do caso do Porto". *Sociologia – Problemas e Práticas*, 55, 2007, pp. 91-116.

catolicismo progressista ou em organizações oposicionistas de esquerda ou extrema-esquerda –, a interação com e a integração nas mobilizações populares oferecia uma oportunidade inédita de participação social e política e, além do mais, de experimentação, valorização e afirmação profissional; para os moradores, por seu turno, a presença e colaboração destes agentes proporcionava os meios de operacionalização de diversas das suas pretensões e constituía garantia, em virtude do seu papel descodificador e mediador, de um mais rápido e eficaz acesso à apesar de tudo cifrada burocracia estatal e aos meandros mais restritos do poder legislativo e decisório.

Referindo-se ao "poder" assumido pelos populares nos anos que sucederam ao 25 de abril de 1974, esta antiga líder associativa do centro histórico do Porto não deixa de associar a sua consecução à interação que nessa altura existia entre as comissões de moradores – e respetivas lideranças – e o pessoal técnico e político que, no terreno, com elas lidava diária e diretamente:

> Nós é que impúnhamos aí. Só em [19]80, [19]80 e tal é que se começou a botar regras, mas até aí... De [19]74 a [19]80 isto andou aí um bocado conturbado. O poder estava centrado nos moradores, mas os moradores também tinham uma pessoa que era a R., que a R. nunca os abandonou, e que também, de certa forma, era uma pessoa que não admitia que fizessem pouco [deles]. Os moradores falavam, mas se ela visse que os moradores... que estavam os técnicos a querer dar a volta, ela interferia: "Não, não é assim, o que

eles querem é isto e é isto". Na altura, estava o [arquiteto] C. na Câmara e era aqui o Presidente da Junta, que era o L. (...), e havia ainda o arquiteto T. – e ele ia à nossa frente. Entrava pela Câmara adentro e era tudo nosso.

Num contexto socioterritorial tão relegado como o do centro histórico dos anos 1950, 1960 e 1970, há de ter sido realmente *extraordinária* esta possibilidade que muitos moradores tiveram de participar ativamente no debate sobre o "*direito à cidade*" que então se fazia e de influenciar diretamente, ainda que nem sempre com resultados efetivos, o curso da ação estatal. Mesmo que bastante limitado no tempo, o período após o 25 de abril de 1974 durante o qual os moradores do centro histórico, como de outras áreas da cidade do Porto, sentiram que o "poder" estava "centrado" em si mesmos e nas suas organizações veio a revelar-se perene nas memórias. Em particular para os que mais diretamente se envolveram no processo e para os que, de uma forma ou de outra, puderam experimentar uma melhoria das suas condições habitacionais e de vida, a perceção que persiste – e que transcorre dos discursos de grande parte dos participantes nestas mobilizações – é a de que esse momento constituiu um espaço de realização e de reconhecimento pessoal e coletivo verdadeiramente inédito e tendencialmente irrepetível.

Como adequadamente nota Cerezales[7], é comum ouvir-se da parte destes protagonistas declarações denotadoras de perplexidade acerca deste período da história social e política portuguesa: muitos destes agentes sociais têm dificuldade em dar conta de tudo o que sucedeu e, simultaneamente, de como após tão intensa participação cívica e política pôde ocorrer uma tão súbita e tão perentória desmobilização.

Contra a "explicação", bastante simplista, de que mobilizações como as que se verificaram em diversas áreas urbanas degradadas das principais cidades portuguesas após o 25 de abril de 1974 são o resultado de processos de "acumulação" e subsequente "libertação" de "tensões", mas também contra a ideia de que uma determinada "cultura política" constitui condição suficiente para que a participação ocorra, Cerezales recupera a noção de "estrutura de oportunidades políticas"[8]. De acordo com a perspetiva defendida, entre outros, por este autor, as mobilizações ocorrem em consonância com a estrutura de oportunidades políticas existente num dado momento e lugar, a qual variará de acordo com quatro fatores fundamentais: a abertura relativa do sistema político institucionalizado; a estabilidade dos alinhamentos das elites; a presença e

---

[7] D. Cerezales, *O Poder Caiu na Rua. Crise de Estado e Acções Colectivas na Revolução Portuguesa* Lisboa: Imprensa de Ciências Sociais, 2013, pp. 105-106.
[8] D. Cerezales, *Op. Cit.*, pp. 41 e segs.

características de elites aliadas; e a capacidade e propensão do Estado para a repressão[9].

No caso de que este texto se ocupa, verifica-se que a "crise" do Estado inaugurada com o golpe militar de 25 de abril de 1974, ao reconfigurar o complexo de fatores descrito no parágrafo anterior, ofereceu oportunidades inéditas de mobilização e participação política, oportunidades que depressa foram intuídas e aproveitadas pelos moradores de zonas sobrelotadas e degradadas das principais cidades. As ocupações de casas ocorridas logo após a queda da ditadura – que não só não foram reprimidas, como foram validadas política e legislativamente pelas novas lideranças do Estado – revelaram amplas e inauditas possibilidades de acesso ao espaço de decisão política por parte daqueles que, até então, dele ficavam invariavelmente arredados. Para além disso, as elites burocráticas, culturais e políticas mostravam-se expectantes ou cindidas, havendo mesmo importantes setores que apoiavam as mobilizações populares. Perante a instabilidade que então caracterizava o universo político e dado o sucesso inicial de diversas mobilizações, reproduzido e ampliado posteriormente por movimentos de moradores cada vez mais capazes, aos quais não faltava o apoio de diversas organizações, partidárias, mas não só, foi possível a diversos segmentos das classes populares urbanas, em especial em 1974 e 1975, aproveitar as oportunidades existentes e obter recompensas efetivas do seu envolvimento cívico e político. Da mesma

---

[9] McAdam, citado em D. Cerezales, *Op. Cit.*, p. 42.

forma, a desmobilização dos anos 1976, 1977 e seguintes terá correspondido não à "dissipação definitiva" das "tensões" acumuladas e entretanto libertadas pelos moradores, mas ao fecho da estrutura de oportunidades que havia sido aberta pela "crise" do Estado característica dos anos imediatamente precedentes[10].

Não cabendo neste texto uma análise mais detalhada daquilo que pode representar do ponto de vista analítico a noção de "estrutura de oportunidades políticas"[11], dir-se-á simplesmente que uma conceção como a que ela propõe tende a valorizar os elementos "pesados" de enquadramento e a possibilitar uma leitura mais completa do fenómeno da participação, que deixa de ser encarado como "essência" ou "idiossincrasia" de um determinado grupo, como mero resultado da "instrumentalização" por parte de uma organização alóctone, ou como simples ato

---

[10] D. Cerezales, *Op. Cit.*, pp. 105-107.

[11] Vários autores têm apostado nesta frente analítica. Apenas para citar alguns exemplos: M. Ancelovici, "Esquisse d'une théorie de la contestation. Bourdieu et le modèle du processus politique". *Sociologie et sociétés*, 41 (2), 2009, pp.39-61. D. Cefaï, "Comment se mobilise-t-on? L'apport d'une approche pragmatiste à la sociologie de l'action collective". *Sociologie et sociétés*, 41 (2), 2009, pp.245-269. O. Fillieule, L. Mathieu,"Structure des opportunités politiques". In O. Fillieule; L. Mathieu; C. Péchu (Dir.). *Dictionnaire des mouvements sociaux*, Paris: Presses de Sciences Po, 2009, pp. 530-540. M. Giugni, "Political opportunity: still a useful concept?". In M. Hanagan; C. Tilly (Ed.). *Contention and Trust in Cities and States*, Dordrecht: Springer, 2009, pp.271-283.

de deliberação "racional". Por outro lado, se é certo que a existência de uma estrutura de oportunidades apta a proporcionar ou a contemplar a ação política de grupos sociais como os que compunham os movimentos de moradores do pós-25 de abril de 1974 aparece como condição *necessária* de tal ação, não é menos certo que ela só poderá efetivamente concretizar-se se existirem no seio dos respetivos promotores competências para intuir a existência dessas oportunidades e para materializar o seu aproveitamento. Na proposta explicativa que Cerezales apresenta a propósito das "lutas urbanas" no "Portugal revolucionário" não se encontram desenvolvimentos sobre esta fundamental dimensão do modelo analítico[12]. Na verdade, para que uma ação política como aquela a que aqui se tem feito menção se possa concretizar, é preciso que existam oportunidades viabilizadoras e catalisadoras das mobilizações, mas também *propensões incorporadas para a ação passíveis de perceber e apropriar tais oportunidades*. Com a referência a esta específica dimensão explicativa, reforça-se o caráter dinâmico do modelo e restitui-se a relevância da história e prática dos agentes.

No caso do centro histórico do Porto, há alguns elementos analíticos que devem ser referidos para melhor se perceber a presteza e dinamismo das mobilizações populares verificadas na zona logo após o 25 de abril de 1974. Com efeito, dificilmente tais mobilizações teriam ocorrido se não se verificasse a existência no território de uma elevada

---

[12] D. Cerezales, *Op. Cit.*, capítulo 3.

integração da matriz local de disposições (ou *habitus*), isto é, de geradores amplamente partilhados de produção e atribuição de sentido e de orientação para a ação. O denso interconhecimento e os mecanismos de entreajuda existentes no centro histórico foram certamente fulcrais para o ajustamento tácito de atuações face à situação inaugurada com o 25 de abril de 1974, impelindo um grande número de agentes sociais locais a apoiarem as ações daqueles que tomaram a dianteira do movimento. Neste ponto, não foi certamente despicienda a presença na zona de algumas lideranças, constituídas por adultos e adultos jovens fortemente enraizados, e em vários casos com experiência profissional em atividades muito reguladas, como a estiva, ou até com experiência sindical, que rapidamente se assumiram e foram reconhecidas enquanto tal, encabeçando e instigando o movimento.

A existência deste "capital de autoctonia", que Renahy[13], a partir de Retière[14], define como o "conjunto de recursos" – bens simbólicos e formas práticas de exercício de poder – "que a pertença a redes de relações localizadas propicia", terá sido decisiva para a concretização das mobilizações

---

[13] N. Renahy, "Classes populaires et capital d'autochtonie. Genèse et usages d'une notion". *Regards Sociologiques*, 40, 2010, p. 9.
[14] J. N. Rétiere, *Identités ouvrières. Histoire d'un fief ouvrier en Bretagne, 1909-1990*. Paris: L'Harmattan, 1994. J. N. Retiére, "Autour de l'autochtonie. Réflexions sur la notion de capital social populaire". *Politix*, 16 (63), 2003, pp.121-143.

políticas verificadas neste território no período posterior ao 25 de abril de 1974.

Por outro lado, há algum tempo que certas instituições sedeadas na zona, com destaque para o Centro Social do Barredo, vinham trabalhando com os mais jovens os tópicos da identidade local, do sentimento de pertença e da arbitrariedade da situação habitacional e social característica da zona ribeirinha, dessa forma contribuindo para, a prazo, desmentir as bases do seu próprio diagnóstico acerca da "passividade" sedimentada da população local. Na verdade, o trabalho que estava a ser feito estava a contribuir para reforçar a identidade do grupo de moradores e para formar cívica e politicamente agentes sociais com especiais propensões para intuir e aproveitar as oportunidades que viriam a ser abertas com o 25 de abril de 1974. Complementarmente, a presença deste pessoal técnico, que conhecia com certo grau de profundidade a realidade local, e que depressa se solidarizou com as mobilizações populares, constituiu, como se pôde conferir anteriormente, um recurso fundamental da respetiva concretização e um elemento importante na consecução de diversos dos seus sucessos.

"Normalização democrática" e desmobilização no centro histórico do Porto de finais da década de 1970

Após os acontecimentos de 25 de novembro de 1975, que comummente se apresentam como o "princípio do fim" do "período revolucionário" português, inicia-se uma alteração significativa do quadro de relações sociais e políticas vigente. Removidos do comando militar os segmentos das forças armadas associados à esquerda e à extrema-esquerda, afastados os membros desta área política dos governos provisórios e dos meios de comunicação social e reafirmados publicamente os propósitos de repressão das ações ilegais que os movimentos populares pudessem continuar a desenvolver, as comissões de moradores depressa percebem que está em curso uma alteração importante das oportunidades políticas colocadas à sua disposição. A sua ação continuará a fazer-se sentir, em muitos casos revestindo-se de novos contornos, mas haverá também situações em que a desmobilização total terá lugar. Depois da realização das eleições legislativas e autárquicas de 1976, a representação transfere-se para os órgãos eleitos e as organizações de base local, designadamente as que estavam associadas aos movimentos de moradores, perdem centralidade enquanto referentes da legitimidade do poder público e da autoridade e ação estatais. A conotação de muitas destas organizações com as forças "perdedoras" do 25 de novembro de 1975 agrava esta sua condição periférica face aos novos centros do poder[15].

No centro histórico do Porto, este "fechamento" da estrutura de oportunidades de participação ao dispor dos moradores não demora a fazer-se sentir. A própria alteração da visão e forma de atuação do CRUARB reflete esta reconfiguração do campo político e da burocracia estatal.

---

[15] D. Cerezales, *Op. Cit.*, pp. 104-105.

"VAMOS LÁ ACIMA!"

Resumindo num parágrafo o que predominantemente veio a acontecer neste domínio no centro histórico do Porto depois do final dos anos 1970, verificar-se-á uma formalização e burocratização dos projetos e operações de renovação, com diluição da respetiva autoctonia, e uma regressão da vitalidade e capacidade de intervenção das comissões de moradores e das associações locais. A década de 1980, que será de transferência para o mercado da maioria das responsabilidades em matéria de provisão de alojamento e, no Porto em particular, de esvaziamento da cidade central, assistirá à emergência e consolidação de um novo imaginário para a zona ribeirinha, um imaginário essencialmente patrimonialista e turistificante, o qual culminará, já na década de 1990, com a classificação do centro histórico do Porto como Património da Humanidade. Mais recentemente, já depois da extinção do CRUARB e da criação de uma "sociedade de reabilitação urbana", a tónica passará a incidir sobretudo na gentrificação residencial e comercial do centro da cidade[16]. Quanto à população local que não embarcou nos volumosos movimentos de saída característicos das últimas três décadas, pauperizada e envelhecida, e afastada das instâncias estatais e das formas de participação social e política prevalecentes, que reputa agora, quase

---

[16] J. Queirós, "Gentrification of Porto's historic centre: notes for the future history of an 'impossible commodity'". *A aum.net Working Paper*. Disponível em http://www.urbanoutcastsoftheworld.net/uploads/5/9/6/7/5967617/jq2009.pdf [consultado em 31 de dezembro de 2010].

sempre, como distantes e seletivas (*"eles lá em cima"* e *"nós aqui em baixo"*), a descrença e a resignação parecem voltar a impor-se como sentimentos dominantes.

Dada esta evolução das formas de relação das classes populares com o Estado e a política no centro histórico do Porto, o período de "crise" subsequente ao 25 de abril de 1974 vê reforçada a sua aparência de excecionalidade. A sua pertinência analítica não reside, contudo, nesta "singularidade", "irrepetibilidade" ou caráter "anómalo" do caso, mas decorre antes daquilo que o caso nos oferece enquanto oportunidade privilegiada de estudo das condições do encontro, esse sim pouco costumeiro, entre as oportunidades, as condições e as disposições que, conjugadas, podem possibilitar a concretização de modalidades emancipatórias de relação das classes populares com a política e o Estado. Tal oportunidade de estudo, se aproveitada, parece prometer o acesso a elementos muito relevantes para uma crítica quer de conceções mecanicistas, quer de conceções essencialistas acerca da participação cívica e política e, bem assim, para uma crítica das perspetivas hoje muito difundidas acerca da "anomia", "indiferença", "individualismo" ou "apatia" dos grupos sociais mais descapitalizados face à ação coletiva organizada e ao universo das tomadas de posição políticas.

FOGO E BARRICADAS.
RETRATOS DA BELIGERÂNCIA POPULAR
NA ARGENTINA DEMOCRÁTICA.*

JAVIER AUYERO[1]

Embora inéditos pela sua magnitude e pelas suas consequências, os episódios de dezembro de 2001 – nos quais uma combinação de saques, cortes de ruas e estradas, e *cacerolazos* fez renunciar um presidente votado por 48% da população dois anos antes – devem ser enquadrados nas mudanças que a acção colectiva sofreu nos últimos tem-

---

* Tradução de Bruno Monteiro, com revisão de Virgílio Borges Pereira.
[1] O autor quer agradecer a colaboração entusiasta e os contributos críticos de Laura Zambrini e Rodrigo Hobert, que trabalharam como assistentes de investigação neste projecto, e os comentários de Gastón Beltrán, Lucas Rubinich e Mark Healey. Esta investigação foi financiada por uma bolsa da John Simon Guggenheim Foundation. A maioria dos testemunhos citados neste artigo foram recolhidos durante o seu trabalho de campo realizado entre 1999 e 2001. As fontes secundárias sobre as quais se baseia este investigação incluem três jornais nacionais (*Clarín, La Nación e Página 12*) e vários jornais provinciais (*La Mañana del Sur, Río Negro, El Litoral, El Liberal, Diario Norte,* e *El Tribuno*).

pos na Argentina. Longe de ser uma "explosão" de uma cidadania que até então parecia "ensimesmada, incapaz de expressar o seu descontentamento", Dezembro representa o ponto álgido de um processo de mobilização popular que tem quase uma década. A primeira parte deste artigo examina este processo prestando atenção às suas causas estruturais e às modalidades que adquiriu o protesto. A segunda, centrada num trabalho etnográfico sobre dois episódios de beligerância colectiva paradigmáticos (o *Santiagazo* de 1993 e a *pueblada* de Cutral-Co e Plaza Huincul em 1996), descreve as experiências dos manifestantes, isto é, o protesto vivido.

Dois momentos da última década servem para exemplificar as recentes formas do protesto. Entre Abril e Junho de 1997, cortes de estrada para exigir emprego e ataques a edifícios públicos multiplicam-se no país. Em Abril, as cidades de Cutral-Co e Plaza Huincul, na província de Neuquén, são sitiadas durante vários dias para reclamar o cumprimento das promessas realizadas pelo governador logo que os habitantes da zona realizaram a sua primeira "pueblada" para exigir postos de trabalho em Junho de 1996. Três meses mais tarde, autoridades do governo provincial e municipal foram tomadas como reféns por uns 300 manifestantes que reclamavam o aumento nos subsídios de desemprego na Câmara Municipal de Cutral-Co. Em Maio, cortes de estrada, organizados por grémios municipais e organizações de desempregados, isolaram a província de Jujuy durante 12 dias, em consequência do qual o gabinete do então governador Ferraro apresentou a demissão.

Cutral-co e Jujuy talvez sejam os casos melhor recordados mas não são os únicos. Nestes meses, "piqueteros", "fogoneros" e "zanjeros" cortam a estrada nacional 3 em Trelew (Chubut) durante um dia para exigir postos de trabalho; moradores e desempregados organizados numa comissão unitária interrompem o tráfico na estrada nacional 38 em Cruz del Eje (Córdoba); trabalhadores municipais que pedem a passagem ao quadro permanente e o pagamento dos salários em atraso cortam a estrada 11 em Capitán Bérmudez (Santa Fe). Nestes meses, cortes de estradas nacionais e provinciais também ocorrem em Catriel (Río Negro), Banda del Río Salí (Tucumán), e na cidade de Neuquén, enquanto os professores de todo o país confluem na *Plaza de los Dos Congresos* (Buenos Aires) e levantam ali a chamada *Carpa Blanca*. A propósito do prolongado corte da estrada 34 em Tartagal e General Mosconi em Maio, o governador *salteño* Romero (não precisamente um simpatizante desta forma de protesto) foi quem melhor resumiu o que ocorreu neste período de mobilização popular ao referir-se ao corte de estrada como "uma prática de acção política que se está a divulgar por todo o país".

Pouco mais de três anos depois, em Novembro de 2000, esta forma de protesto já tinha sido aprendida e adoptada em todo o país. Cortes sucedem-se em Isidro Casanova, Esteban Echevarría, e Glew (Gran Buenos Aires), Plottier (Neuquén), Salvador Mazza, Tartagal, General Mosconi, Cuã Nuerta e Zanja Honda (Salta), Libertador General San Martín (Jujuy), Resistencia (Chaco), Belén (Catamarca).

Analistas locais e estrangeiros assinalaram a pobreza e o desemprego como razão e sentido deste ciclo de protesto; os chamados *"estallidos"*, os cortes de estrada, e as *puebladas* que se generalizaram no país durante os anos 90 são, segundo este senso comum dominante, uma resposta à falta de estímulo económico. Para "explicar" o protesto bastaria, deste ponto de vista, mencionar uma subida na taxa de desemprego, o crescimento dos níveis de pobreza, os salários em atraso dos funcionários públicos, ou (no caso dos últimos *cacerolazos*) a indevida retenção dos depósitos bancários. Segundo esta perspectiva, as acções beligerantes da multidão são vistas como intromissões no curso rotineiro dos eventos, como compulsões quase mecânicas, pouco conscientes e pouco organizadas, caóticas. O historiador inglês E. P. Thompson denominou esta perspectiva "visão espasmódica da história popular". No seu texto clássico sobre a economia moral da multidão inglesa, este autor formula perguntas que servirão de ponto de partida para este ensaio: "Quando têm fome, o que fazem as pessoas? Como é o seu comportamento modificado pelo costume, a cultura e a razão?"[2]. Perguntas que lhe permitiram penetrar as experiências da rebelião popular, as maneiras como estas são vividas e sentidas. Perguntas que utilizarei como guia para questionar a equação "desemprego + pobreza = protesto". Não é preciso uma grande análise para nos darmos conta de que os desempregados que cortam uma

---

[2] E.P Thompson, *Customs in Common*, The New Press, Nueva York, 1993.

estrada não têm trabalho, mas o desemprego, a fome, ou a necessidade económica não conduzem necessariamente ao corte da estrada nem a queimar um edifício. Constituem sim, as bases sobre as quais se erige a beligerância popular, mas a forma de protesto tem que ver com processos políticos e com formas de reclamação aprendidas em repetidos confrontos com o Estado e com o seu relativo êxito e/ou fracasso.

Entre os numerosos observadores das novas formas de protesto talvez seja Marina Farinetti quem mais detalhadamente diagnosticou as mutações na beligerância popular ocorridas a partir dos inícios da década de 90.[3] De acordo com ela, esta década está marcada pela *deslocação* do protesto laboral da área industrial para o sector público, pela *diminuição* das reclamações por aumentos salariais e o *crescimento* das reivindicações por pagamento de dívidas salariais e por despedimentos, a diminuição das greves e o *aumento* dos cortes de estrada, ondas populares e greves de fome como modos de acção colectiva, o *incremento* na frequência do protesto nas províncias, e o *crescente protagonismo* das associações provinciais e municipais como actores centrais do conflito.

---

[3] Nomeadamente, veja-se: Marina Farinetti, «¿Qué queda del movimiento obrero? Las formas del reclamo laboral en la nueva democracia argentina» em *Trabajo y Sociedad* Nº 1, 7-9/1999, http://habitantes.elsitio.com/proit/ zmarina.htm; e Marina Farinetti, «El estallido: la forma de la protesta», Buenos Aires, 2000, manuscrito.

Apesar da grande variedade de formas de protesto ocorridas durante os anos 90, as modalidades com as quais as pessoas comuns formulam as suas reclamações parecem agrupar-se num conjunto limitado e bastante bem definido de tipos de acção. Estas formas não mudaram radicalmente entre uma fase e outra (digamos entre Abril e Junho de 1997 e novembro de 2000) quando são actores similares que activam os protestos (desempregados e/ou funcionários públicos). Mais, os manifestantes dão-se conta desta recorrência ao referir-se, pública e analogamente, tanto às suas acções e às acções de outros (*o corte*) como às suas autodefinições e às de outros manifestantes (sendo que *piqueteros* como denominação começa a aparecer com mais frequência). Temos, então, todas as indicações que assinalam a emergência de uma forma de protestar, "um conjunto limitado de rotinas que são aprendidas, partilhadas e exercitadas mediante um processo de selecção relativamente deliberado"[4] e mediante as quais grupos sociais apresentam colectivamente reclamações ao Estado; isto é, temos indícios da conformação de um *reportório de acção colectiva*.

---

[4] Dos numerosos trabalhos de Charles Tilly, entre outros, vale a pena mencionar, para aqui: Charles Tilly, *The Contentious French*, Harvard University Press, Cambridge, 1986. Charles Tilly, «How to Detect, Describe, and Explain Repertoires of Contention» em The Working Paper Series. Working Paper Nº 150, New School for Social Research, 1992. Charles Tilly, *Roads From Past to Future*, Rowman and Littlefield, Lanham, 1997.

Cortes vs. greves: falsa dicotomia

Convém, no entanto, não exagerar o carácter inovador das formas e sentidos do protesto a pontos de perder de vista a continuidade que existe com modalidades prévias de luta. Estas "novas formas" não substituem outras, como a greve e a manifestação de rua, nem tão-pouco podem ser associadas simplesmente a uma reivindicação em particular como o pedido de emprego.[5] Pelo contrário, cortes e paragens, ataques a edifícios e manifestações, acampamentos e greves, convivem, complementam-se e potenciam-se de acordo com o seu relativo êxito ou fracasso na satisfação das reivindicações. Se bem que a forma "corte de estrada" esteja predominantemente associada às exigências de trabalho e de subsídios de emprego (os chamados *Planes Trabajar*), não pode ser vinculada de maneira directa e exclusiva com um tipo de reivindicação, como o demonstram os criadores de gado com os seus cortes de estrada pelo ressurgimento da febre aftosa em Formosa, os trabalhadores do engenho *La Esperanza* em San Pedro (Jujuy) em exigência do pagamento de salários em atraso, ou os grupos indígenas bloqueando a passagem na estrada 34 em Salta para exigir terras (Novembro de 2000). Embora os desempregados adquiram proeminência nos cortes de estrada, os sindicatos de funcionários públicos e os grémios docentes (em Jujuy

---

[5] Os relatórios do Centro de Estudos *Nueva Mayoría*, amplamente citados pelos jornalistas e analistas locais, são o melhor exemplo desta dicotomia.

em 1993, 1995 e 1997, ou em Nequén em 1997, por exemplo), organizações de segundo grau (a Central Argentina de Trabalhadores nos cortes de estrada na Grande Buenos Aires), e outros tipos de organizações (frentes de bairro, comissões de moradores, etc.) também adoptam esta forma de luta colectiva. Talvez sejam as greves de 1997 (Agosto) e 2000 (Junho), levadas a cabo durante os governos de Carlos Menem e de Fernando de la Rúa, as que melhor exemplificam esta coexistência de formas estabelecidas de protesto com outras emergentes. A greve geral de 1997 combinou cortes de estrada, ondas populares, manifestações e piquetes de greve em todo o país. A de 2000 incluiu cortes de pontes (Missiones e Capital Federal), de estradas (Jujuy e Chubut), de vias férreas (Castelar, Grande Buenos Aires), ataques a escritórios da Repsol-YPF (Neuquén) e do Citibank (Santa Fe e San Juan), apedrejamentos contra edifícios públicos (Secretaria de Educação em Nequén), e bloqueios em destilarias petrolíferas (Ensenada, província de Buenos Aires).

Por último, a dicotomia greve (de trabalhadores) / cortes de estrada (de desempregados) pode fazer-nos perder de vista o encadeamento das formas de protesto emergentes durante os anos 90 com outras que foram predominantes durante os 80: talvez falte recordar que um dos líderes da *Federación de Tierras y Vivienda* (Luis D'Elia), organização-chave durante os cortes de estrada na Grande Buenos Aires, foi também um dos organizadores das ocupações de terras (acampamentos populacionais em terras fiscais e/ou privadas) durante a ditadura e o primeiro governo democrático[6]. Quando em novembro de 2000 as autoridades dos governos provincial e nacional não admitiam as exigências daqueles que cortavam as estradas em La Matanza, um dos *piqueteros*, sintetizando num só comentário o que parecia escapar a muitos observadores dos protestos na Argentina nas suas tentativas para construir modelos dicotómicos da acção colectiva, dizia: "Se for necessário, vamos fazer-lhes um acampamento na estrada".

Os suspeitos do costume

A diversidade da beligerância popular foi enfrentada pelas elites governamentais com uma combinação de *negociação* (na qual foram dominantes a distribuição de subsídios de desemprego e de comida, muitas vezes através de mecanismos clientelares que deram lugar a novos protestos, e o temor do "contágio" ou o "efeito dominó" de cada vez que os manifestantes obtinham parte das suas exigências), brutal *repressão* (antes dos eventos de Dezembro de 2001, entre 1995 e 2001, centenas de manifestantes foram feridos e oito morreram durante confrontos com a polícia e/ou a guarda – Víctor Choque em Ushuaia, 1995; Teresa Rodriguez em Cutral-Co, 1997; Francisco Escobar e Mauro Ojeda em Corrientes, 1999; Aníbal Verón, Carlos Santillán, Oscar Barrios e Víctor Jofré em Salta entre 2000 e 2001, este último morrendo com um enfarte depois de

---

[6] D. Merklen, *Asentamientos en La Matanza. La terquedad de lo nuestro*, Catálogos, Buenos Aires, 1991.

ter ficado preso no meio da repressão), e as usuais tentativas *classificadoras/criminalizadoras* que funcionários, tanto do governo menemista como da *Alianza* e dos governadores provinciais, utilizaram para ver em cada marcha, em cada corte, em cada demonstração de oposição uma multidão de inocentes liderada por activistas, um "passivo instrumento de agitadores externos", como diria George Rudé. Estas acusações variam desde o já usual mote de "subversivos" de procedência variada (militantes do *Sendero Luminoso* ocultos entre as "hordas" em Santiagao del Estero em 1993, activistas de Quebracho à deriva entre os "vândalos" e "criminosos" em Cutral-co em 1997), ao mais imaginativo mas tão-pouco provado ("os *piqueteros* [salteños, em Maio de 1997] foram comprados pelos traficantes de drogas para que os guardas se concentrem na estrada e deixem de vigiar a fronteira"), passando pela visão do protesto como produto de "activistas perfeitamente treinados" (Salta, Junho de 2001) até à infame (e por fim letal) acusação de "inimigos da república" aos protagonistas dos eventos de Dezembro de 2001 por parte do então presidente De La Rúa.

Desproletarização, retirada do Estado, descentralização

O contexto estrutural deste aumento da beligerância popular está caracterizado por três processos que, embora possam ser separados analiticamente, encontram-se na raiz do protesto de maneira simultânea e reforçam-se mutuamente: 1) desproletarização; 2) retirada do Estado na sua função de bem-estar; e 3) descentralização dos serviços educativos e da saúde.

1. O aumento explosivo do desemprego produto da desindustrialização do país e da desconexão funcional entre as tendências macroeconómica e os níveis de emprego (a taxa de desemprego subiu de 5% da população economicamente activa em 1974, a 18% em 2001; desde o lançamento do Plano de Convertibilidade em 1991, o desemprego cresceu 200%) tem sido objecto de numerosos e detalhados estudos, pelo que não me deterei aqui neste aspecto[7]. Como sintetiza Aronskind: "Os pobres eram 21,5% da população em 1991, e 27% no final do período (2000). Os indigentes eram 3% da população, para alcançar 7% em 2000. Os desempregados e subocupados, aproximadamente 1 600 000 pessoas no começo da década, superavam os 4 000 000 no final da mesma."

2. A retirada e o desmantelamento do Estado de bem-estar populista faz com que os riscos implicados em situações de privação material sejam ainda maiores. Na última década, a Argentina assistiu a um processo de constante degradação do sistema público de educação, de saúde e das políticas de habitação dedicadas aos sectores da popu-

---

[7] Veja-se: L. Beccaria e N. López (eds.): «Notas sobre el comportamiento del mercado de trabajo urbano» em Luis Beccaria e Néstor López: *Sin trabajo. Las características del desempleo y sus efectos en la sociedad argentina*, Losada, Buenos Aires, 1996, pp. 17-46; e M. Murmis e S. Feldman: «De seguir así», Luis Beccaria e Néstor López (eds.): *Sin trabajo. Las características del desempleo y sus efectos en la sociedad argentina*, Losada, Buenos Aires,1996.

lação de baixos rendimentos. O carácter caótico das políticas destinadas a "combater o desemprego" e das políticas sociais destinadas a "combater a pobreza" fazem com que a situação seja ainda pior: os pobres são cada vez mais débeis e estão cada dia mais desprotegidos. O Estado exibiu uma particular indiferença a respeito dos desempregados: o subsídio de desemprego só cobre uma exígua proporção daqueles que perderam o seu trabalho e o dinheiro outorgado em cada subsídio não é suficiente para cobrir as suas necessidades básicas. A privatização das empresas estatais não é somente um outro aspecto da retirada estatal das funções básicas, senão que tem um efeito importante nos níveis de emprego. Entre 1989 e 1999, aproximadamente 150.000 trabalhadores perderam os seus trabalhos como consequência directa do processo de privatização. Em 1989, cerca de meio milhão de trabalhadores estavam empregados nas companhias estatais de telefone, correios, aviação, água, energia, transporte ferroviário e gás. Em 1999, estas empresas ocupam 70.000 pessoas. Como veremos, o caso de YPF (*Yacimientos Petrolíferos Fiscales*) é de particular importância dado que muitos dos seus despedimentos ocorreram em comunidades cuja existência depende em boa medida da presença desta empresa (Cutral-co e Plaza Huincul em Neunquém, e Tartagel e General Mosconi em Salta).

3. O processo de descentralização dos serviços educativos e da saúde é outro aspecto que, se bem que não tenha sido estudado em relação com o aumento de protestos, é de crucial importância para entendê-lo. A partir de 1989,

os serviços educativos (sobretudo os do ensino médio) e os de saúde, começam a ser transferidos da órbita do Governo Federal para as províncias[8]. Descentralização que aprofunda a crise de ambos os sectores, dado que as administrações provinciais têm que afrontar esta nova responsabilidade com os seus já escassos recursos financeiros. Isto transforma os governos provinciais em objectos de exigências por parte dos funcionários públicos, agora também provinciais. O aumento de protesto por parte de docentes e trabalhadores da saúde nas províncias (os chamados *"jeringazos"* nos hospitais públicos de Corrientes e as inumeráveis greves na educação) são difíceis de compreender se não se tem em conta que, como consequência directa do processo de descentralização, o que muda é o alvo das exigências, o *locus* da acção colectiva; de exigir ao Estado nacional antes responsável pelos salários, condições de trabalho, infra-estruturas, etc., os protestos mudam-se agora para o âmbito provincial – veremos como, no caso de Santiago, isto se expressa claramente no início dos conflitos de 1993.

As mudanças macroestruturais não afectam a acção colectiva de maneira directa, mas têm impacto nos meios e sentidos da acção colectiva ao modificarem *interesses* (em

---

[8] Para estudos detalhados deste processo, pode consultar-se: Rodríguez Larreta et al.: «Descentralización de políticas sociales», *Segundo Informe de Avance*, Buenos Aires, 2000; e D. Rothen, *Global-Local Conditions of Possibility: The Case of Education Decentralization in Argentina*, Department of Education, Stanford University; 2000, dissertação de doutoramento.

termos simplificados podemos dizer que o *interesse* dominante passa de ser a defesa do salário para ser a defesa do posto de trabalho e, logo, a obtenção de subsídio de desemprego); as *oportunidades* (ao colocar os governos provinciais como objecto de exigências); e a *organização* das pessoas comuns (convertendo os grémios de funcionários públicos e as novas e múltiplas organizações de desempregados em actores principais do protesto). Interesses, oportunidades e organizações que, em casos de generalizada corrupção das administrações provinciais e/ou municipais, confluem na formação de uma identidade beligerante que opõe, por um lado, os manifestantes e, por outro lado, os funcionários e/ou políticos.

A retirada do Estado e o híper-desemprego vistos de baixo

Cutral-co e Plaza Huincul originam-se e desenvolvem-se a partir da actividade petrolífera. Desde os seus começos em 1933 e 1918, respectivamente, ambas as cidades cresceram ao ritmo (e tornaram-se altamente dependentes) dos lucros previstos pela extracção de petróleo e das actividades da companhia estatal YPF. À descoberta de "ouro negro" na região seguiu-se a ocupação territorial e o enraizamento populacional, ambos levados a acabo sob os auspícios do Estado. O rápido crescimento demográfico de ambas as cidades reflecte a expansão das actividades da YPF: entre 1947 e 1990, o total da população cresceu de 6.452 a 44.711 habitantes, um crescimento impressionante sob qualquer padrão. O Estado de bem-estar representado por YPF outorgava aos seus operários salários mais altos que a média nacional, moradias modernas assistidas pelo próprio pessoal da empresa ("qualquer coisa que se partisse era composta pela YPF", contaram-me ex-operários da empresa), acesso a um excelente hospital, obra social e férias pagas ("uma vez por ano, tínhamos passagens gratuitas e duas semanas de hotel pagas em Buenos Aires ou em qualquer lugar do país"). O bem-estar da YPF estendia-se para além dos limites da empresa: toda a vida económica e social da região estava dinamizada pela sua presença. A YPF construiu bairros inteiros, noutros realizou as redes eléctricas e de saneamento, também construiu um hospital moderno, um teatro e um centro desportivo.

Em menos de dois anos, um sistema económico e uma forma de vida que durou mais de quatro décadas fez-se em pedaços. A privatização de YPF foi sancionada pelo Congresso em Setembro de 1992; um pouco depois, os devastadores efeitos faziam-se sentir em ambas as comunidades. A YPF não só reduziu o seu pessoal de 4.200 operários a 600 em menos de um ano[9], mas também deixou de ser a empresa-providência ao redor da qual a vida de ambas as cidades girava, convertendo-se numa indústria de enclave conduzida sob premissas estritamente capitalistas.

As manchetes dos principais jornais diários regionais capturaram o clima de desconcerto generalizado quando

---

[9] Veja-se O. Favaro *et al.*: «La conflictividad social en Neuquén. El movimiento cutralquense y los nuevos sujetos sociales», *Realidad Económica* Nº 148, 1997, pp.13-277.

começaram a sentir-se os primeiros impactos da "modernização do Estado": "Futuro incerto aguarda a Cutral-co e Plaza Huincul", "Desemprego alarmante na zona petrolífera", "A luta para não ser outra cidade fantasma". Enquanto ocorriam os despedimentos massivos, os artigos dos principais periódicos descreviam o "sentimento de incerteza" sobre o início de um processo que hoje se encontra na sua forma avançada: o híper-desemprego. Em Cutral-co, 30% da população economicamente activa estava desempregada em 1997. Na actualidade, mais de metade da população de ambas as cidades vive abaixo da linha oficial de pobreza.[10]

Longe dali, no extremo Norte do país, um residente de General Mosconi (província de Salta) descreve a cidade em termos dolorosamente familiares para os cutralcoenses e huinculenses: "Faz 10 anos Mosconi transformou-se numa cidade fantasma. A privatização de YPF marcou o fim de uma época dourada. O meu marido trabalhou durante 20 anos no correio e sempre falou dos enormes prémios que pagavam os empregados da empresa petrolífera. Agora, a gente tem que ir cortar a estrada para receber pouco mais do que uma esmola."

---

[10] Em Março de 2001, só 351 dos desempregados recebia subsídios (uma média de 150 pesos) do governo nacional ou provincial. Veja-se O. Favaro *et al.*, Idem, p.17.

Mediações

Se algo nos ensinaram os estudos sobre o protesto, os movimentos sociais, e a acção colectiva em geral noutras partes do mundo e noutras épocas históricas – ensinamento que muitos analistas e jornalistas, que falam sobre os eventos de Dezembro de 2001 como produto quase automático da indignação, da fome, ou do desespero, parecem esquecer – é que a miséria, a pobreza, a necessidade económica, o sofrimento, o desemprego, o desgosto e a angústia colectivas, não se traduzem necessariamente me mobilização popular. Isto é, o protesto, o conflito, a violência, não são respostas directas às tensões produzidas pela deterioração das condições de vida que surgem das macro-transformações político-económicas, mas que fluem de processos políticos específicos. Por outras palavras, as mudanças macro têm impacto sobre o conflito através da estrutura de poder, dando forma aos meios organizativos e aos recursos que os distintos actores têm à sua disposição.

Para que o protesto ocorra fazem falta redes associativas prévias que o activem (desde redes clientelares cujos fluxos de recursos são interrompidos dando lugar à acção colectiva, como no caso da Grande Buenos Aires entre 1999 e 2001, até redes organizativas surgidas no calor dos protestos prévios, como no caso de Salta entre 1997 e 2001, o Jujuy de 1995 em diante), oportunidades políticas que o tornem viável (o fraccionamento entre as elites costuma abrir a porta à apresentação de exigências de modo conjunto por actores que estão fora do sistema político – os casos do *Correntinazo* em 1999 e do *Santiagazo* em 1993 talvez sejam os exemplos mais claros, – e recursos que o facilitem, desde recursos materiais, como panos para queimar e alimentos para sobreviver dia e noite nas barricadas, às vezes fornecidos por grupos políticos opositores como em Cutral-co e Plaza Huincul, até recursos simbólicos com os quais se aguentam os embates retóricos dos governantes. Olhar para a última década de activismo popular na Argentina não pode deixar de ter em conta estes elementos se não se quiser reproduzir uma visão mecanicista da rebelião popular que vê em cada subida dos preços, em cada pico das taxas de desemprego, ou em cada quebra do nível de vida uma condição suficiente para o *"estallido"* (uma sociologia rigorosa destas formas de acção colectiva deveria começar por questionar as categorias políticas, jornalísticas e policiais do *"estallido"* ou "explosão" que ocultam mais do que desvelam os mecanismos e processos na origem da rebelião popular.)

Assim como a emergência e o curso do protesto não se depreendem do seu contexto estrutural, também o seu sentido, o significado que os seus protagonistas dão às suas acções beligerantes, não pode ler-se directamente da premente necessidade económica (desde a falta de pagamento aos funcionários públicos até à falta de emprego para milhares de desempregados) que a enquadra.

Se escutarmos mais de perto os manifestantes nas praças, estradas e pontes, detectaremos a existência de uma impugnação directa da chamada "classe política" como sentido omnipresente nas acções dos manifestantes.

O resto deste artigo centra-se em dois casos para examinar com mais demora este aspecto da acção colectiva, dimensão que tem sido equivocamente analisada como um indicador do carácter "antipolítico" do protesto.

Santiagazo. *Salários e castigo*.

No dia 16 de Dezembro de 1993, três edifícios públicos – Casa do Governo, Tribunais e Legislatura – e uma dezena de residências de políticos e funcionários locais foram invadidas, saqueadas e queimadas por centenas de funcionários públicos e moradores de Santiagdo del Estero. Empregados estatais e municipais, professoras primárias e secundárias, reformados, estudantes, dirigentes sindicais e outros, exigiam o pagamento dos seus salários, reformas e pensões (em dívida há três meses), protestavam contra a implementação de políticas de ajustamento estrutural e expressavam o seu descontentamento com a generalizada corrupção governamental. Conhecido como *Santiagazo*, este episódio tem características singulares no sentido de que se trata de uma rebelião de gente "esfomeada e indignada" (como a descreveu boa parte da imprensa nacional) que convergiu para as residências particulares de funcionários e para os símbolos do poder público, e no qual praticamente nenhum estabelecimento comercial foi assaltado e não se conhecem vítimas mortais.

Longe de ser um estalido, o *Santiagazo* foi produto de uma escalada na beligerância popular que começou em princípios de 1993 (em Janeiro desse ano registaram-se três marchas e concentrações, em Dezembro mais de 30) e que teve os sindicatos de professores como protagonistas. Uma das líderes do sindicato de professores (Cisadems) resume o processo que desembocou nos eventos de 16 de Dezembro. Note-se a importância que o processo de descentralização educativa e a sua articulação com mecanismos de cooptação política têm no seu relato:

"Em 1993 concretizava-se a transferência das escolas nacionais para as províncias. Nós nesse momento opúnhamo-nos. O nosso sindicato agrupava justamente as escolas que seriam transferidas na sua totalidade... Logicamente, começamos a organizar-nos para resistir a essa transferência de escolas. Porque entendíamos que era uma forma de demissão do Estado nacional, de ir abandonando o papel do Estado na educação e a sua obrigação indelegável de a sustentar... Em Janeiro de 1993 estávamos na rua 7 ou 8 pessoas, com um megafone e um cartaz (risos)... denunciávamos que a transferência de escola nacionais para a província iria significar uma grande perda de qualidade educativa porque a província organizava toda a questão educativa de uma maneira político-partidária, ou seja, distribuíam-se os cargos de professores com critérios de clientelismo político sem ter em conta a preparação do docente nem nada disso. Denunciávamos que a província era absolutamente incapaz, tanto no domínio económico-financeiro, como administrativo, de receber semelhantes escolas grandes, e que historicamente tinham estado mais ou menos bem administradas, a partir da nação, e que agora seriam absorvidas por um Estado provincial ineficiente."

FOGO E BARRICADAS.

Em princípio de 1993, os manifestantes formulavam as suas reclamações como funcionários públicos deste ou daquele ramo da administração ou como membros deste ou daquele sindicato (judiciais, professores, reformados, etc.). Os professores opunham-se à transferência de escolas, exigiam melhores salários, o seu pagamento a tempo e melhorias nos estabelecimentos educativos; os trabalhadores da saúde pediam pelos seus salários, o seu prémio e por recursos para os seus hospitais; os professores universitários exigiam aumento de remunerações e melhoria nas condições laborais. Até Junho do mesmo ano aumentou a frequência dos protestos organizados pelos sindicatos, que ocasionalmente convergiam em marchas e manifestações na praça principal. Meses mais tarde, embora o protesto os reunisse nas ruas, não surgia uma coligação. No entanto, em Novembro, a recentemente formada *Frente de Lucha* (que agrupava os principais grémios), convocava uma manifestação massiva frente à Casa de Governo e aos Tribunais para protestar contra a recentemente decretada lei de ajustamento e exigir o "castigo aos responsáveis pelo roubo e pela corrupção". Em finais de 1993, os manifestantes já não se viam a si mesmos como membros deste ou daquele sindicato mas como parte do "povo de Santiago" que enfrentava nas ruas os "governantes corruptos". Este é o colectivo que "estalou" na manhã do dia 16 não só para exigir o pagamento dos seus salários em atraso mas também em busca de "prisão para os corruptos". Todos os meus entrevistados, referindo-se aos ataques às casas dos políticos e funcionários locais, dizem: "Mereceram-no". Este simples comentário ilustra o que "toda a gente em Santiago sabe" – que os ataques aos notáveis constituem uma retribuição calculada. "Queríamos acertar as contas com os poderosos e os corruptos", diz-me Carlos, que esteve presente no fogo-posto aos três edifícios, e Maria, do sindicato dos professores, acrescenta que "o *Santiagazo* foi uma lição para os políticos... tudo tem um limite."

José, de 40 anos, funcionário público da Direcção de Vialidad Provincial, segurava na bandeira argentina frente à Casa de Governo em chamas. Ao descrever o sentimento dos manifestantes, a maneira como se viam a si mesmos, e o carácter relacional da sua identidade colectiva, José encapsula boa parte do sentido que o protesto teve para os seus protagonistas:

> "Para que queriam entrar na Casa de Governo?
> Nós queríamos entrar para pôr a andar toda a gente, não queríamos que ficasse ali ninguém. Não queríamos realmente que nada ficasse ali, isto que fique gravado. Foi por isso que eu entrei na Casa de Governo... O meu objectivo era subir ao gabinete do Governador e tomar a bandeira.
> Para que é que a querias?
> Ter a bandeira é como ter dito: ganhamos a guerra, o troféu mais valioso que pode existir... ter recuperado a bandeira, significava algo glorioso para mim. Ganhamos esta batalha, esta bandeira é nossa. Quer dizer, como te podia explicar o que se sente quando se agarra um símbolo assim? Quando vês um filme dos Estados Unidos, há sempre uma bandeira, repara que em todos os filmes sempre está por ali uma bandeira. Num escritório, numa formação militar, num barco,

está lá sempre a bandeira. E o facto de agarrar a bandeira significava ter ganho uma guerra, porque para mim nesse momento era uma guerra... Algum dia vou emoldurá-la, vou pô-la numa moldura, com pano de fundo, e o mastro por baixo. Tenho-a escondida. É o símbolo de ter ganho uma guerra... o santiagueño tomou a Casa de Governo e expulsou um grupo de corruptos que nesse momento manipulavam a vida do santiagueño.
Dentro de 10 anos o teu filho vai-te perguntar pela bandeira, porque a vais ter emoldurada...
(Rindo-se.) Nesse momento, vou-me sentar e vou-lhe contar o mesmo que te estou a contar a ti."

Seis dias no sul, a pueblada

Entre os dias 20 e 26 de Junho de 1996, milhares de habitantes das localidades vizinhas de Cutral-co e Plaza Huincul bloquearam as estradas de acesso à área interrompendo o tráfego de pessoas e veículos durante sete dias e seis notes. "Oh pá, isto não é só merda, aqui há pessoas bem vestidas", disse um guarda quando, arrasada a primeira barricada (ou "piquete") com gases lacrimogéneos, balas de borracha e água disparada por um camião cisterna, viu que 20.000 pessoas esperavam os menos de 200 uniformizados (enviados pelo governo nacional para desimpedir a estrada) na Torre Um e Plaza Huincul, a 25 de junho. Talvez sem o saber, o guarda estava a fazer uma observação sociológica sobre a composição da multidão que exigia trabalho e a presença do então governador *neuquino*, Felipe Sapag. A multidão, que tinha bloqueado o acesso a Plaza Huincul e a Cutral-co durante cinco dias, incluía "gente bem vestida", não apenas pobres e desempregados, e portanto, "não é só merda", isto é, era um protesto que excedia a capacidade repressiva da guarda, não só pelo número mas também pela diversidade do "objectivo". Esta heterogénea multidão esperava a guarda entoando o hino nacional, cantando "Se este não é o povo, onde está o povo?", dando vivas a "Cutral-co e Plaza Huincul", e gritando "Que venha aqui Sapag!". A juíza federal que comandava o pelotão com ordem de despejar a estrada pediu para falar com representantes dessas 20.000 almas; no meio da estrada os habitantes de Cutral-co e Plaza Huincul atiraram-lhe: "Aqui não há representantes, aqui está o povo... venha falar com o povo." A quatro anos do protesto, Laura, porta-voz da comissão de *piqueteros*, afirma: "Dizer que esse foi um protesto de desempregados ou de excluídos, é fazer uma leitura errada. Ali estava todo o povo." A avaliação de Laura foi e é partilhada por muitos habitantes de Cutral-co e Plaze Huincul. Durante os dias do protesto, os seus habitantes repetiram em frente às câmaras: "Nós queremos trabalhar. Damos-lhes a luz, o gás, o petróleo e pagam-nos assim. Que venha aqui Filipe! Somos 30.000, não somos 5.000. Está todo o povo!". "Aqui não há políticos, aqui está o povo."

Esta multidão-na-estrada definia-se como *unida* ("todo o povo está aqui"); *numerosa* ("somos 30 000, não 5000"); *comprometida* com um objectivo ("damos-lhe a nafta, o gás, a electricidade..."); e *destituída de líderes* ("aqui não há políticos"). Tanto nas maneiras de designar-se a si mesma como na sua composição social, tanto no seu discurso como nas suas relações sociais, os manifestantes construíram uma identidade participativa que girava ao redor da noção de "povo".

Esta identidade insurgente, no entanto, não surge do nada nem de um substrato sempre disposto a activar-se perante uma situação objectivamente injusta (como se tal coisa existisse); é, pelo contrário, uma construção colectiva e conflitual. Durante seis noites e sete dias na estrada, os manifestantes realizaram incessantes esforços para se definirem a si mesmos dizendo quem eram e quem *não* eram. Nas afirmações de Laura e de muitos outros *piqueteros*, o termo "povo" tem duas conotações diferentes. Por um lado, o "povo" refere-se à localidade, às cidades de Cutral-co e Plaze Huincul. As repetidas referências a "todo o povo" apontam, em parte, para o facto de que boa parte da povoação de ambas as cidades estava na estrada. E ambas as cidades estavam na cidade para que o governador e "todo o país" reconheçam o rápido processo de extinção pelo que passam depois da privatização da YPF. Nas representações dos habitantes, este é um povo muito especial porque fornece energia (gás e petróleo) ao resto do país. Como grita um *piquetero*, a metros de ameaçadores guardas: "Damos-lhes o gás, a nafta, a electricidade... E pagam-nos assim?". O *piquetero* refere-se desta maneira ao povo-como-localidade, uma significação que está profundamente enraizada nas crenças comuns dos habitantes da região. Entre cutralquenses e huinculenses existe uma crença generalizada (enraizada, por sua vez, numa pertinaz retórica nacionalista que descreve os habitantes como "donos" do petróleo da região) de que os recursos minerais da YPF lhes pertencem. A frase "*Nós* damos-lhes o gás, *nós*..." não é, pois, uma expressão idiossincrática deste *piquetero*, mas foi antes repetida em mais do que uma ocasião durante os protestos, reflectindo um conjunto de crenças partilhadas. Por outras palavras, os entendimentos mútuos, as identidades colectivas que se forjaram na estrada durante esses dias, encontram as suas raízes (as suas bases materiais, diria) não só na situação actual de Cutral-co e Plaze Huincul como cidades em perigo de extinção, mas também nas memórias dos "tempos de ouro" da YPF e numa convicção partilhada sobre a propriedade dos recursos naturais. Assim, as memórias colectivas sobre o funcionamento de um Estado de semi-bem-estar durante o tempo da YPF outorgam uma espécie de ímpeto solidário para se organizarem colectivamente e se defenderem o que se considera serem interesses da cidade. Este "nós" colectivo tem duas preocupações fundamentais: a falta de oportunidades de trabalho e os riscos que implica para a sobrevivência de ambas as comunidades. Como afirma Mónica: "Eu amo este lugar, esta paisagem. Porque tenho que partir? Não! Se eu criei a minha família aqui em Cutral-co, foi esta paisagem que o permitiu. A praça foi testemunha dos meus encontros com o pai do meu filho. Há muitas coisas. Esta Cutral-co deu-lhe a possibilidade de nascer... A mim custou-me muito conseguir a minha casa, porque tenho que ir? A *pueblada* foi por causa disso." Ou como sintetiza Zulma: "Nós queríamos postos de trabalho... queríamos que terminasse isto de não termos nada, que estávamos muito longe do Governo, que o Governo não respondia, que não tínhamos nada para que as crianças pudessem continuar a estudar, que isto fosse para o diabo que o carregue sem retorno, era por isso que reclamávamos."

Existe, no entanto, outra conotação importante para o termo "povo" implícita no rugir da multidão. Os manifestantes construíram a sua identidade colectiva e as suas exigências em termos democráticos contra o que lhes pareciam ser obscuras negociações de políticos e as suas constantes tentativas de "usar o povo". Do ponto de vista *piquetero*, quem eram os manifestantes e por que estavam na estrada tem tanto a ver com a devastação provocada pela retirada do Estado expressa na privatização da empresa petrolífera estatal, como com a ruína produzida pelas acções interessadas dos políticos. Uma perspectiva sensível às palavras e às acções da multidão, às exigências e às crenças partilhadas, alerta-nos sobre o actor principal *em oposição ao qual* os *piqueteros* construíram a sua identidade: a "classe política" ou, nos termos de Laura, "As pessoas que mandam... as pessoas que dizem que mais adiante vou fazer isto, se votam em mim vou fazer aquilo". Sem os seus representantes habituais (ou, melhor dizendo, apesar dos seus representantes habituais) os manifestantes podem fazer ouvir a sua voz de descontentamento pela rápida deterioração de ambas as comunidades e fazê-lo saber ao resto do país. "Por uma vez", Laura e muitos outros *piqueteros* repetem, "os políticos não nos puderam usar."

Conclusões.

Durante os últimos anos, escreveu-se muito sobre a beligerância popular na Argentina, mas investigou-se pouco. Há quem continue a ver na acção colectiva dos manifestantes uma multidão furiosa, quase irracional, que só se acalma com um saco de comida ou com um subsídio de desemprego, uma multidão esfomeada capaz de tudo, gente pura e simplesmente farta que, como louca, sai à rua ou às estradas para as cortar. Às vezes, excedem-se e põem fogo a algum edifício público como em Santiago del Estero, Salta ou Jujuy. Há outros, a partir de posições ideológicas opostas, que vêem em cada protesto, corte ou ataque a um edifício público, um indicador do surgimento de uma espécie de Grande Movimento contra o ajustamento, o neoliberalismo ou – os mais optimistas – contra o capitalismo. Neste caso, o *piquetero* é a imagem inversa do manifestante desesperado: um sujeito de vontade inquebrantável e racional. Curiosamente, ambas as posições continuam a dominar as discussões, à custa das análises (certamente escassas) fundadas na investigação empírica. São poucos os que se deram ao trabalho de olhar de perto os manifestantes e as suas formas de acção sem impor sentidos que têm mais a ver com o que se quer ver do que com aquilo que está realmente a suceder.

Durante bastante tempo, jornalistas e académicos falaram da pouca oposição que o "modelo" económico suscitava, sem registar o que qualquer observador atento à dinâmica beligerante no chamado "interior" podia ver, um ciclo de alta mobilização popular com inovações importantes nas formas e nos sentidos da acção colectiva. Pode ser que a efectividade do protesto aumente quando "bate às portas da capital", mas isso não é desculpa para não a observar com atenção quando ocorre num lugar remoto do país – e (só) se vê no aparelho de televisão. Só olhando mais de perto e para lá dos estreitos limites dos cenários centrais do poder poderemos entender as transformações na acção colectiva.

No transcurso da última década, surgiram muitas organizações que irão marcar o ritmo da acção colectiva nos anos vindouros. Uma multiplicidade de organizações com diferenças políticas, ideológicas e tácticas importantes mas que dão conta do ritmo que teve a beligerância popular nos últimos anos. Ninguém pode predizer qual será o seu destino, nem o do protesto em geral. É difícil calibrar o impacto imediato que a acção colectiva tem nas instituições democráticas e na cultura política, se isto servirá ou não, citando a professora santiagueña, de "lição para os políticos". O carácter imediato, a urgência das discussões sobre a situação actual no país, sobre as "motivações" dos manifestantes, sobre a presença ou não do proverbial agitador entre a multidão, sobre o carácter anárquico, espontâneo ou organizado do protesto, sobre a violência que se produz nas manifestações (talvez faça falta recordar que a violência colectiva é produto de uma *relação* entre Estado e cidadãos, mais do que de intenções individuais, e que, tanto quanto mostram as evidências, a maior parte da violência nestes dez anos – medida em mortes e feridas físicas durante acções colectivas – foi produzida por agentes do

Estado) pode fazer-nos perder de vista aquilo que efectivamente sabemos sobre o efeito que a acção colectiva beligerante teve na democracia, noutros tempos e lugares. A luta popular, a longo prazo, incide de maneira positiva na trajectória democrática. Não se trata de um optimismo celebratório mas de uma leitura atenta do registo histórico. Como assinala Tilly, sem dúvida um dos mais perspicazes analistas da relação entre protesto e vida democrática através da história:

"As instituições democráticas duradouras surgem de lutas repetidas, a longo prazo, nas quais trabalhadores, camponeses, e outras pessoas comuns estiveram envolvidos... as revoluções, rebeliões e mobilizações de massas marcam uma diferença significativa entre um país e outro relativamente ao alcance da democracia."[11]

Quando se escreve sobre os grupos subalternos – e, mais ainda, quando procuramos entender as suas acções conjuntas – navegamos sempre entre duas posições extremas igualmente perniciosas: interpretações miserabilistas e interpretações populistas. Sob a influência das primeiras, tendemos a ver o protesto como um acto inconsequente, derrotado à partida, das vítimas de um sistema todo-poderoso. Sob a influência das segundas (sem dúvida, predominantes entre os cientistas sociais), estamos dispostos a ver em cada protesto um acto de resistência heróica de um "povo" invulnerável, sem rasto de dominação nem das cica-

---

[11] Charles Tilly, «Parliamentarization of Popular Contention in Great Britain, 1758-1834» em *Theory and Society* Nº 26, 1997, pp. 245-273.

trizes que (sem dúvida) deixam a miséria e a destituição. A tarefa, se se quiser compreender a dinâmica beligerante, é evitar cair nesta nociva antinomia e observar mais atentamente não só o protesto mas também as continuidades que esta tem com a vida quotidiana daqueles que, durante dias, semana, ou meses, expressam a sua frustração, as suas necessidades, o seu desespero e/ou as suas exigências nas estradas, ruas e praças do país. Ali, nesse vaivém, do bairro à barricada, ao corte de estrada ou à praça, encontram-se muitas das respostas às perguntas que ainda temos sobre a beligerância popular.

DAR O CORPO AO MANIFESTO. UM INQUÉRITO ETNOGRÁFICO DOS MODOS DE ACTUAÇÃO MILITANTE ENTRE DIRIGENTES SINDICAIS OPERÁRIOS (PORTO, 2008-2012).

BRUNO MONTEIRO

Neste texto, em que procuramos prolongar o habitual procedimento de interpretação do sindicalismo feito unicamente a partir da ordem dos textos, vamos apresentar, sucintamente, um estudo sobre os processos de inculcação, transmissão e assimilação das posturas, atitudes e condutas, as quais, tidas por sindicalmente proficientes e habilitadas, constituem depois, incorporação feita, o reportório de estilos de pensamento e acção que será verosimilmente concretizado e invocado em situação pelos próprios sindicalistas. Nas visões nativas sobre a sindicalização, são preponderantes as interpretações dos compromissos sindicais que recorrem, eventualmente em combinação com outros regimes de justificação, ao registo da casualidade ("fui empurrado", "lançaram-me"), ao vocabulário da ruptura traumática ("vi como eram as coisas", "despertei para a actividade sindical") ou aos termos da propagação contagiosa ("fui ficando com o bichinho", "eles foram-me metendo isto"), algo que não é senão atestado pela própria natureza que toma a evocação quotidiana das aptidões sindicais, que parecem tender a expressar-se por moto próprio, espontaneamente. Sob a pressão das evidências, torna-se, assim, pessoal e colectivamente persuasiva uma auto-representação da sindicalização em termos naturais ("era contestatária por natureza", "é feito meu") ou místicos ("tomei consciência", "foi uma luz que se fez"). É possível reler o texto em que Max Weber visa compreender a especificidade da *lógica intrínseca da racionalidade* que distingue as *condutas de vida metódica* próprias da *ordem de vida* das actividades políticas, circunscrevendo aí os atributos que o autor considera requerer o *ofício* político[1]. Fazemo-lo para mostrar quão crucial é investigar sociologicamente os trajectos singulares e colectivos que comparticipam da aquisição e manuseamento de tais competências políticas.

---

[1] Atributos esses que são, a saber, a "paixão com sentido de *intencionalidade*", ou seja, "devoção apaixonada a uma intenção" sob a qual surge necessariamente uma causa política; o "sentimento de responsabilidade" que resulta da recíproca vinculação de uma pluralidade de actos e actores a um universo de sentido comum, a um fundo de crenças tácitas; e a "perspicácia", o "sentido da realidade" que consiste em "saber manter a distância em relação às coisas e aos homens", de maneira a sustentar as condutas ditas de *realismo* que pautam a política prosaica. Max Weber, "Politik als Beruf", *Gesammelte Politische Schriften*, Potsdam. Potsdamer Ausgabe, 1999, p.419.

Na acepção que agora toma, a *sindicalização* corresponderá, portanto, ao processo de conversão dos operários em militantes sindicais, a prolongada e paulatina remodelação dos esquemas de pensamento e acção originais de certos operários, – acerca dos quais, aliás, temos todas as razões para supor estarem dotados de propriedades culturais e económicas que os singularizam por entre o conjunto do operariado, – que é instigada pela série de *mediações* biográficas que a instituição sindical, especialmente quando surge personificada pelos funcionários permanentes que manobram os dispositivos de sondagem e enquadramento sindicais, aplica sobre os operários que se afiguram disponíveis e apropriados para se tornarem potenciais dirigentes sindicais, ou seja, especialistas da manipulação dos bens sindicais..

Para corresponder às exigências desta interrogação sistemática sobre a formação do dirigente sindical, procuramos restituir a integralidade de momentos isolados que, em sucessão, contribuem para a incorporação paulatina de um senso prático sindicalmente específico. Ao longo de um trajecto biográfico, singular porém colectivamente partilhado, é rectificada a estrutura de personalidade do operário, designadamente por via do moroso percurso de integração dirigido pela instituição sindical e do reincidente investimento de si mesmo feito pelo sindicalista nas "tarefas" e "responsabilidades" que lhe competem. Precavidos contra a impressão de linearidade e finalismo que podem provocar os inquéritos de envergadura biográfica, tentamos, a partir das entrevistas de longa duração que aplicamos a dirigentes sindicais que estiveram activos entre 2000 e 2010 nas estruturas sindicais compreendidas pela Confederação Geral dos Trabalhadores Portugueses (CGTP),[2] realizar uma *sociologia da incorporação da competência militante*.[3] Procuramos, ao mesmo tempo, recorrendo a uma pesquisa etnográfica dos lugares de condensação do sindicalismo contemporâneo conduzida entre 2008 e 2012, captar em solução as *regras de acção* do sindicalismo [vd. Fotos 1, 2]. A partir da observação participante de

---

[2] Sobre o processo histórico de institucionalização, o horizonte de relevâncias ideológicas e o reportório de acção contestatária que caracteriza o conjunto de sindicatos da CGTP, distinguindo-o por comparação com outras entidades sindicais, pode ler-se Hermes Costa, *Sindicalismo Global ou Metáfora Adiada? Os Discursos e as Práticas Transnacionais da CGT e da CUT* (Tese de Doutoramento em Sociologia), Coimbra, Faculdade de Economia da Universidade de Coimbra, 2005, pp.280-291. Sobre o estado recente da actividade sindical em Portugal, pode ler-se o volume organizado por Elísio Estanque e Hermes Costa (orgs.), *O Sindicalismo Português e a Nova Questão Social - Crise ou Renovação?*, Coimbra, Almedina, 2011.

[3] Quando procuramos objectivar teoricamente o *processo de incorporação do sindicalismo,* tivemos em mente trabalhos de pesquisa que visaram igualmente reconstruir sociologicamente o movimento cruzado da possessão do corpo pelo mundo de que ele se apropria, tais como o mostraram exemplarmente Charles Suaud sobre os padres católicos da França camponesa, Graham Anderson sobre os sofistas do império romano tardio, Loic Wacquant sobre os boxeurs de um ginásio de gueto americano, ou Michael Baxandall sobre os apreciadores de pintura do Renascimento.

piquetes de greve, sessões de trabalho sindical, ou plenários de trabalhadores realizados em várias empresas industriais no Noroeste português, em que partilhamos de uma *atmosfera* que passa habitualmente despercebida a quem a ocupa duradouramente, quisemos centrar a pesquisa mais sobre as experiências vividas do sindicalismo do que sobre os registos escritos dos acontecimentos, os únicos que são usualmente utilizados para quem prescinde de estudar as expressões situadas e incarnadas das práticas sociais. Tratou-se, portanto, de compreender a gestação carnal da miríade de expressões fragmentárias e irreflectidas que constituem grandemente o ofício do sindicalista a partir dos *eventos* em que ele quotidianamente se compromete, "como alguém totalmente incarnado e estritamente localizado pela vida, alguém envolvido pelo invólucro concreto e impenetrável da sua classe ou estrato social, da sua situação familiar, da sua idade, dos seus fins biográficos"[4].

Modos de fazer sindicalistas

A visão parcial e parcelar que faz equivaler a sindicalização a uma relação puramente pedagógica, tratando-a como uma "educação" que é em tudo idêntica a um "curso de formação" escolar, ou que a inscreve entre o proselitismo de "doutrinação", função que convém a uma imagem esquematizada do sindicato visto como "aparelho", esta visão,

---

[4] Mikhail M. Bakhtin, *Problems of Dostoevsky's Poetics*, Minneapolis London, University of Minnesota Press, 1999, p.104

dizíamos, carece ser complementada pondo em relevo o envolvimento tácito dos sindicalistas com as rotinas prosaicas da *acção* sindical. Ao contrário dessa interpretação intelectualista, queremos mostrar os efeitos de estruturação biográfica que são provocados pela conjugação, ocorrendo pontual porém repetidamente, entre a história incorporada do operário (e sindicalista) e a história institucional do sindicato. Indispensável para a reprodução institucional do sindicato, ele que está impedido de contar unicamente com o funcionamento espontâneo de qualquer transmissão hereditária, é indispensável que a "intervenção de terreno" sonde e solicite constantemente, enquanto cumpre com a resolução da *agenda* sindical em sentido estrito, a manifestação de "interesse", "vontade", "gosto" ou "consciência" dos operários pelas questões sindicais. Desde logo, portanto, entre as obrigações implícitas do trabalho de "acompanhamento" de uma comissão sindical de empresa, conta-se a despistagem de vocações entre os trabalhadores, conduzindo um trabalho de prospecção e triagem de possíveis futuros delegados ou dirigentes sindicais.

No âmbito das instâncias de direcção da organização sindical é assiduamente realizado um levantamento sumário dos militantes portadores de "sinais" promissores. Diluída por entre os procedimento de "apoio" e "acompanhamento" a uma "comissão de empresa", sobretudo, ao que parece, quando há um colectivo de trabalhadores estável em termos laborais e apoiado por uma história longa de sindicalização ("bastião", "ninho"), que está, portanto, acostumado aos procedimentos e postos institucionalizados típicos do sindicalismo ("eleições", "tarefas", "contactos", "responsabilidades") e a um sistema de prescrições e proscrições existente em estado tácito ("quando não se sabe pergunta-se", "convém falar com os camaradas primeiro", "não assinar nada"), há constantemente a preocupação com a perpetuação da organização sindical mediante o recrutamento e a promoção de militantes que se mostrem compatíveis e solícitos perante as solicitações do momento, especialmente evidentes durante as "intervenções" sindicais mais agudas e prolongadas, como a "negociação de um contrato" ou o "encerramento de uma empresa". Noutros momentos fortes da actividade sindical na empresa, como os "plenários", as "distribuições", os "protestos", sempre que certo trabalhador tem um "destaque" que desperta os esquemas de classificação (e discriminação) interiorizados pelos dirigentes sindicais, pode avançar-se para uma "auscultação" acerca do comportamento passado de tal operário e, depois, para uma "observação" continuada da evolução do trabalhador sinalizado. Depois de temperadas por longos anos de interpretação dos indícios de sindicalistas emergentes, as *técnicas dos sentidos* sindicais são tão sensíveis que o limiar de susceptibilidade actua perante sinais que passam ignorados a quem os vê ingenuamente (e.g. a "indignação" durante uma conversa frente à máquina do café, o "à-vontade" e "tino" da intervenção em plenário, o "interesse" manifestado por "perguntas" e "dúvidas" sobre as condições de trabalho).

O que ocorre, tantas vezes, é que o discernimento e a consequente indigitação dos delegados sindicais constitui uma variante de *eleição de eleitos*. Usualmente, determinados sinais são lidos como sendo prenúncios –, ou seja, funcionam realmente como uma promissão ao mandato sindical, quer entre os colegas ("não tens medo de falar", deste a cara", "disseste que não quando era preciso"), quer para o próprio operário ("eu resisti ali enquanto pude porque sabia que se metesse nisto eu nunca mais saía, conhecendo-me como me conheço, isto é o princípio do fim"). No entanto, a inclinação para o mandato de delegado sindical tende a estar acentuada entre operários que são presentemente sensíveis aos apelos sindicais apenas porque foram antecipadamente iniciados em modalidades de percepção e manipulação prática de categorias, hábitos e discursos políticos próximos ou aparentados às mensagens e rotinas sindicais, designadamente as que são veiculadas pelo movimento estudantil ou pelas juventudes partidárias, ou então porque foram sendo precocemente acostumados a aceitar a sindicalização como plausível ou até trivial, em especial quando isso ocorre por intermédio de uma presença familiar, vicinal ou laboral ("eu bem via o que o pai me dizia", "tinha lá um colega que já me tinha falado disso", "ouvia e gostava") que, personificação das maneiras de ser, pensar e fazer características do sindicalismo, os induziu a aceitar, reconhecendo-a, a pertinência das actividades sindicais.

E.: Como é que se vai preparando essa continuidade?
e.: [Durante as reuniões da Comissão Executiva do Sindicato] Fazemos isso de fora para dentro, que é «pá, na empresa tal-e-tal há ali um chavalo que é porreiro», «pá, olha na outra empresa aprecio uma moça fantástica», toca a tomar nota, o sindicato toma nota. Passado dois meses ou três, voltamos a reunir, e o responsável pela empresa diz assim «então, e fulano tal e tal?», fazemos a retrovisão, [corrige:] a retrospectiva daquilo que se fez, «pá, este gajo mantém-se, o gajo é um...», «com respeito a este malandro, está a custar, deixa andar»... Pronto, e é assim, é assim que se vai vendo. Esta auscultação de novos delegados nas empresas... [Inflecte, súbito:] E às vezes nem são delegados, são jovens, porque a gente faz plenário e quase sempre aparece um jovem que se põe a pé, ou uma pessoa menos jovem que pede a palavra, «eu quero falar», e pimba-pimba-pimba. Logo a obrigação dos dirigentes que estão no plenário é quando acabar o plenário abordar o moço, uma pessoa, «pá, precisava de falar contigo, ah?», «sim, senhor, hoje não e tal»... Mas passado uma semana ou duas, apareces lá, «o que é que tu achaste daquele plenário?», «ah, porreiro, mas é preciso isto», «sim, senhor, tudo bem, sabes, sempre que houver plenários aparece lá, eu gostava de ir falando, de ver isso, és um tipo porreiro, pões esses gajos todos a mexer-se», «ah, pois ponho»... E noutro plenário já se sente se ele melhorou, se não sentiu medo lá dentro, porque às vezes o facto de trabalhar, de falar no plenário, a empresa pode arranjar um gajo para tentar assustá-lo, e isto leva... Porque não adianta dizer que este gajo é porreiro não-sei-quê, mas passado aqui dois meses ou três o gajo já está cheio de medo, não adianta. Tem que se ver o

gajo sempre, no acompanhamento dele, isso é um trabalho nosso [dirigentes sindicais], não há hipótese.
(MA, dirigente metalúrgico nascido em 1950)

Apropriadamente considerado como tal, o "contacto" que é consecutivamente desenvolvido com os operários "interessados", "aplicados", "certinhos", contribuirá pela sua própria reiteração para operar uma progressiva conversão das maneiras de ser, pensar e fazer nativas destes operários. A partir da absorção desatenta das rotinas linguísticas e pragmáticas motivadas pela exposição ou desempenho de episódicas "responsabilidades" sindicais ou pelo investimento pessoal no desempenho de "tarefas" que são aparentemente insignificantes ou simplesmente urgentes, como "afixar um aviso", "entregar uns panfletos em mão" ou "levar a informação da reunião no sindicato" para os colegas da empresa, vai sendo condensada uma habilidade, uma autoridade, uma apetência específicas. Usualmente sem contemplar qualquer cálculo ou plano, sem que, para isso, seja necessário descontar-se a existência de expectativas pessoais de possíveis retribuições da actividade sindical, será sobretudo a concessão do tempo necessário a serem executados os actos prosaicos da actividade sindical que irá proporcionar a prazo o adestramento do corpo operário no sentido da "estaleca" ou "tarimba" sindicais e a correlativa investidura de uma legitimidade particular como "homem do sindicato". Ainda que estes actos possam estar inicialmente desprovidos de um sentido propriamente contestatário e possam, portanto, surgir aos seus próprios praticantes como politicamente inócuos, a impregnação de uma visão do mundo agonística ("capital e trabalho", "combate", "lutar pelos direitos") e a assimilação de um estilo de comportamento e sentimento peculiar conduz a que gradualmente ocorra a *sindicalização* do corpo operário.

Na consideração do processo de conversão das disposições nativas dos operários, posto em movimento, em especial, por força da acção dos instrumentos sindicais de conscrição e monitorização das condutas dos militantes sindicais, é necessário salientar a dupla vertente do "acompanhamento" como processo de treino e como processo de selecção. Sendo com frequência conduzido por um veterano do movimento sindical, personificação da história sindical em sentido literal, é posto em prática um trabalho de "acompanhamento", que consiste, desde logo, no desdobrar de ligações de proximidade com o militante ou delegado recém-criado, estabelecendo, a pouco e pouco, uma rede finamente entretecida de sugestões e imposições em torno dele. Depois, trata-se de colocar-lhe à disposição todo o conhecimento teórico e empírico sobre "problemas sindicais" acumulado ao longo do tempo, inicialmente transmitido num registo vulgarizado ("transmite-se duma forma muito mais leve", não é, aquilo tudo diluído"). A seguir, procede-se à atribuição tentativa e aparentemente desinteressada e casual de "responsabilidades" ou "tarefas", o que equivale a conduzir, mais ou menos dissimuladamente, uma sucessão de ensaios preparatórios ou testes de aferição sobre a capacidade de desembaraço ou a maturidade política do pretendente ("manha", "esperteza", "seriedade"). Para terminar, realiza-se uma vigilância do comportamento ético do trabalhador dentro e fora do trabalho ("tem que cumprir no trabalho, não dar baldas", "não pode ser alguém mal visto pelos colegas", "respeitado"), o que serve para atempadamente introduzir uma correcção ou prevenir um fracasso.

Nos momentos de co-presença entre o veterano sindical e o novo militante, as indicações inefáveis, tais como o assentimento com a cabeça, o olhar de reprovação ou o gesto de cautela, e as intervenções explícitas, nomeadamente "explicar", "chamar à atenção", "avisar" ou "dar um conselho", servem para traçar um diagnóstico dos enganos e fraquezas do novato para depois o corrigir ao longo do tempo. Trata-se de uma propedêutica proxémica, em que é repetidamente dissuadido ou incentivado, censurado ou favorecido o comportamento do delegado sindical em observação, que é, inclusivamente, concitado a contribuir ele próprio para superar as suas lacunas disponibilizando-se totalmente à jurisdição e arbítrio do dirigente virtuoso ("tens que ser humilde", "tens que ouvir e perguntar", "não te podes armar"). Além disto, os dirigentes veteranos procuram rectificar pelo exemplo, pois é dele esperado que mostre depois um exemplo virtuoso do modo de actuação que é suposto os aprendizes emularem. À medida que o aprendiz vai indicando a interiorização harmoniosa das competências sindicais vão-lhe sendo conferidas "margens de intervenção" progressivamente maiores, permitindo-lhe, com isso, uma apropriação criativa das "regras" sindicais; espécie de autodidactismo instigado que permite o domínio gradual dos instrumentos cognitivos, emocionais, linguísticos e físicos, altamente complexos, da actividade sindical, e que não estão em absoluto resumidos na forma de textos. Isto serve, ainda, para induzir nele o sentimento de autodeterminação da "carreira" que está em vias de realização ("por mim mesmo", "apliquei-me"), permitindo-lhe rever a execução das tarefas sindicais no registo do espírito de missão e do sentido de dever ("tem que ser"). É que no decurso de um lento trabalho colectivo de reeducação ginástica, discursiva, mental, é realizada uma transformação das maneiras de ser, fazer e pensar do aprendiz de dirigente sindical, que lhe proporciona a impressão de ter sido realizada por ele próprio, limitando-se aparentemente a cumprir um ajustamento corporal a imperativos que são solicitados a partir de dentro ("tu vais fazendo por mudar").

> E.: Como é que aconteceu quando foste eleita delegada sindical?
> e.: Primeira coisa que fizeram: três semanas num curso. (...) A gente tinha que saber o que é que era o sindicato, oq eu era o movimento sindical, o que é que era a exploração, o que é que era a mais-valia... (...) Eu tenho essa formação, mas já venho duma coisa que é ter acompanhado situações com administrações e com trabalhadores e com dirigentes mais experientes no terreno. A luta da CIFA pelos salários em atraso também, não é, aquela luta deu-me uma estaleca incrível. Tar lá envolvida no meio, estar com o dirigente, que era trabalhador da empresa mas que era dirigente do sindicato também já há alguns anos e tinha também uma experiência maior que a minha, claro, deu-me uma apren-

dizagem como é que as coisas se faziam em cada meta, quais eram as metas traçadas, até onde é que a gente ia, como é que fazia. Aquilo deu-me de facto uma capacidade daquelas que... nem, nem, nem contando agora se pode avaliar, porque metida no terreno, sabendo como é as coisas se passavam e discutir lá com a administração... [Faz como que um interlúdio:] Claro que não estava sozinha naquela altura, que eu era muito miúda e maçarica, não é?, eu estava com um dirigente que dominava aquilo já muito bem e é essa aprendizagem que ele transmite que me ajuda a mim a desenvolver-me e a entender e no fim perguntar: «óh, zé, como é que tu disseste isto assim-e-assim?, olha, e porque é que...?», «a resposta foi esta e o que é que isto quer dizer?» Esta troca de experiências dotam-nos de facto de uma grande capacidade. (...) Outra coisa é quando estamos lá, é depois nesta troca de experiências e nesta troca de saberes, no fundo é assim, é "Ò Zé, espera lá, porra lá, explica lá, porque disseste isto assim assim, que é que isso quer dizer?" E ele era o professor, porque ele ia dizendo "o que eu pretendi foi chegar aqui" e o que ele respondeu "não chegou exactamente onde eu queria mas chegou mais ou menos a meio", e já deu pra perceber, e isto é uma coisa que só transmitindo, só passando é que é possível, porque de outra forma não. E depois é assim, quando nós estamos sozinhos e eu deixo de ter aquela muleta, passo a expressão, do dirigente mais antigo, a necessidade que eu tenho de enquanto estou a falar com aquela parte que está ali poder estar a imaginar o que é que ele vai dizer a seguir e como é que eu me estou a preparar para chegar àquilo que eu quero também. Ora mas isso só é possível, só é possível quando eu já estou sozinha e quando não estou sozinha eu estou sem-

pre descansada que aquele é que trata. Quando eu estou sozinha "ah, foi o que aconteceu na minha empresa"... Ah, caramba isso tem que me dar uma estaleca.
(PP, nascida em 1960, dirigente do sector têxtil).

Através da "observação", o próprio novato – o "maçarico" - pode, de maneira mais ou menos deliberada, emendar-se e aperfeiçoar-se, ajustando-se às escolhas de dirigentes considerados sindicalmente competentes, as "raposas velhas". "Nós podemos, graças a um mestre inteligente, que é capaz de diagnosticar o engano, corrigir as más disposições pelo exercício, quer dizer, pela repetição, pela aprendizagem. As disposições podem transformar-se mas por um trabalho, e não por um milagre instantâneo, como gostaríamos; e um trabalho muitas vezes colectivo, uma espécie de reeducação"[5]. Longe de corresponder exactamente à representação de um papel, ou a uma simulação, pode antes dizer-se que surge uma espécie de sintonização dos "novos" com as atitudes, condutas e discursos sindicalmente legítimos tal como surgem exemplificados pelos "antigos". Acresce que este momento mimético é acompanhado por um trabalho sobre si mesmo, sem que esta interiorização do olhar exterior tenha necessariamente que decorrer totalmente no registo da consciência, podendo muito bem agir como sentido das conveniências ou autocensura ("há coisas que não se podem fazer"), aplicação impulsiva

---

[5] Pierre Bourdieu, *Méditations Pascaliens*, Paris, Éditions du Seuil, 2003, p.77.

de um gesto ou frase tomada de empréstimo ("foi o que me saiu", "aqueles palavras que funcionam", "aprendi com ele a começar com uma estória"), ou utilização sob pressão de um argumento que pode ser eficaz ("palavra certeira", "desarmar" ou "ganhar uma discussão"). Neste plano do investimento pessoal sobre a ocupação sindical adquire também importância o desenvolvimento de hábitos de "leitura" e "estudo" ("não aquela leitura que eu gosto, mas a leitura dos políticos"), indispensáveis para ultrapassar a distância relativamente à cultura escrita e permitir uma utensilagem, artesanal que seja, da literatura legal especializada, o que termina por se materializar nessa hermenêutica peculiar ("análise de documentos") que é usada para "perceber" (ou "desmontar") o mundo social de acordo com os princípios de classificação próprios do sindicalismo.

Além da manipulação do vocabulário protocolar e dos utensílios em estado documental, é relevante essa expressão de autocontrolo (a "calma", a "serenidade"), que apenas o tirocínio sindical, invariavelmente "aprendido no terreno" ao longo de "muitos anos de percurso", e o sentimento de autoridade ("ser respeitado", "ter a confiança dos trabalhadores") podem conferir a um dirigente sindical. Em negativo, o novato surge ainda "um pouco tolhido", "até com medo de dizer algum disparate", "nervoso". De facto, a "tarimba", expressão que resume as competências elementares de que usufrui o delegado sindical exercitado, equivale a uma familiaridade latente com certos esquemas de pensamento ("facilidade que eu tinha em transmitir e organizar as ideias"), a um aperfeiçoamento e alargamento de um certo reportório de oratória ("forma como abordava as pessoas"), a uma "disciplina" de "leitura" e a "métodos de estudo", a um prolongamento das posturas éticas perante colegas de trabalho e patrões, a um "saber estar", *i.e.* o autodomínio emocional e o conhecimento quase táctil das fronteiras do que é possível, desejável ou útil ("não passar dali", "conseguir aquilo", "lutar por objectivos"). Feito de uma série de provas e provações ao longo do tempo, em que, a prazo, o mero cumprimento actua retrospectivamente para confirmar a suposta posse prévia de uma inclinação inata ("sempre fui um revoltado", "nasci com isto"), os trajectos de militância sindical remodelam recursivamente as estruturas intencionais, perceptivas e ginásticas do operário, acomodando-o aos constrangimentos e oportunidades criados pela sindicalização e instalando-o numa rede de obrigações mútuas e vinculações recíprocas com os colegas de trabalho e com os dirigentes profissionalizados e permanentes da organização sindical. Pelo menos tanto quanto a mais rigorosa inculcação ideológica, é este "envolvimento" implícito com as actividades sindicais, com a sua desconcertante assimilação ("nem eu sei bem como é que aprendi"), que instila profundamente um estilo de acção, pensamento e discurso que tem todas as evidências da naturalidade e está pronto a funcionar instintivamente ("fazemos o que tem que ser feito ali na hora", "já se sabe o que é que tem acontecer").

E.: Tu és eleita e como é que sabes o que fazer?
e.: É assim... eu acho que tudo, fui sempre um bocado empurrada, é verdade. Embora, claro, a estrutura sindical funciona sempre com o apoio logístico do sindicato. E o sindicato começou a pôr-nos pessoas com mais experiência a acompanhantes, isto é tudo muito bem feito, que é... e tive depois camaradas, que eram já os velhinhos do sindicato, que começou a acompanhar aquela empresa. E, claro, com eles aprendi muito, porque é com essa malta que se aprende, obviamente, é com essa malta que tem muita experiência de vida, que se aprende, todos os dias estou a aprender, mas com eles realmente aprendi a intervir, aprendi a posicionar-me, aprendi a negociar, aprendi a fazer um plenário, aprendi a fazer uma permanência, aprendi a falar com as trabalhadoras, aprendi tudo. (...)
E.: Mas como é que te ensinavam?
e.: Porque fizeram os primeiros comigo e quando, um dia, eu marco um vejo, de uma forma assim tão [de repente] que já ninguém podia ir comigo... isso é... «ok», lá fui eu. Tinham marcado, tinha que lá estar. Ah... muitas reuniões, as grandes reuniões foram feitas, durante muito tempo, com o acompanhamento desses camaradas, até que um dia eu percebo que estou sozinha... hello... quer dizer, estou eu mais as delegadas, não é, fazia sempre questão que toda a gente participasse nas direcções com a direcção, nas reuniões com a direcção de recursos humanos... os estupores chegaram a um dia que... não é, abre alas [estala os dedos], pois [deixam-me lá] estar sozinha. (...)
E.: Como é que eles passaram esse saber para ti?
e.: No fundo, foi também por observação, não é. E porque é assim, esta malta mais antiga, e que eu também tenho o

cuidado de fazer, porque, no fundo, começo a ser também mais antiga... é que, das primeiras vezes que vou, [acompanhar] de um camarada a uma empresa, mesmo não sendo a minha, e que eu faço o acompanhamento com ela, eu deixo que seja ela a falar... e só faço intervenção quando vejo que ela já está a plissar e está a ter ali alguma dificuldade. E se há um tema ou outro que eu vejo que ela não está à vontade, é que vou ser eu a colocá-lo. Mas dou-lhe sempre margem de intervenção. E cada vez maior. À medida que o tempo passa, tem que ser cada vez maior, tem que ser cada vez maior essa margem... até que chega um dia, [e fica ela, vou] ... só para dar segurança, foi isso que eles fizeram comigo, eles estavam lá, mas já quase não estavam, mas davam-me segurança. Eu olhava e via que eles estavam ali, que qualquer coisa eu [risos]...
(MM, nascida em 1965, dirigente do vestuário)

Sobre a técnica do golpe certeiro, ou o sindicalismo como senso prático

Vimos que a natureza experiencial do sindicalismo ("contacto") é que explica a sua desconcertante assimilação ("nem eu sei bem como é que aprendi") e a significativa resiliência que demonstra durante o tempo. A repetição prática de rotinas e condutas é literalmente incarnada. Além de constituir matéria de "opinião", mais ou menos conscientemente adoptada e defendida, o sindicalismo é um sentido da realidade ("percepcionar as coisas, ter outra visão das coisas, não querer só... não achar que tudo é infalível e que temos que nos acomodar") e um sistema de técnicas intelectuais e corporais ("aprendi a intervir, aprendi a posicionar-me, aprendi a negociar, aprendi a fazer um plenário, aprendi a fazer uma permanência, aprendi a falar com as trabalhadoras"). Esta afinação do corpo revela-se numa sensibilidade específica, em sensações de "gozo", "indignação" e "agonia" perante questões puramente sindicais, num senso comum feito de convicções pré-reflexivas ("temos a certeza do que estamos a defender", "esta é a nossa verdade"), e num sentido de si orientado pelo regime de grandeza sindical ("ter respeito", "entregar-me à luta"). Pela mera inclusão nos espaços físicos, sociais e ideológicos do sindicalismo, em que são certamente adquiridos "conhecimentos" de teor intelectual, como acontece nos "cursos de formação de economia política" promovidos pela organização sindical, é sobretudo realizada a modelação de uma inusitada forma de atenção e de um modo de comportamento característico que aponta para a interiorização gradual dos esquemas éticos, estéticos e técnicos privilegiados pela organização sindical. A incorporação institucional no âmbito do sindicato, ocupando cargos de natureza hierárquica e desempenhando funções de natureza oficial, é correlativa da incorporação da competência prática, impregnação carnal de um estilo de acção, pensamento e sentimento reconhecido como eficaz e autorizado. Para lá de tudo isto, de maneira a suspender ou inverter a tradicional desafeição e distanciamento das classes populares face ao universo da política, é necessário um trabalho de promoção e valorização que instile um sentimento de legitimidade suficiente no novo militante,

delegado ou dirigente, a ponto de permitir-lhe confrontar-
-se com as autoridades patronal e estatal ou, simplesmente,
"falar em público".

Ao contrário do que supõe a definição voluntarista da
adesão sindical, que os próprios militantes sindicais não
deixam, às vezes, de contribuir para difundir e defender,
para "saber desenrascar-me", "estar pronto a intervir",
"falar sem um texto corrido", "tirar as pedrinhas do cami-
nho" [querendo com isto dizer, ultrapassar as dificuldades
e encaminhar a discussão], enfim, para "atingir os objectivos", é necessário uma prévia experiência de familiariza-
ção com os tópicos, condutas e vicissitudes da vida sindical. Será ela que permitirá, perante o inesperado, reagir
eficazmente, encontrando, de maneira aparentemente
automática, aquela palavra "certeira" apta a "desarmar"
ou "ganhar" uma discussão, ou, então, mantendo a postura
espartana em que não se cede nem a entusiasmos nem a
medos ("não se exaltarem", "não vergarem"). Ao lado do
acervo composto pela literatura sindical, existe a "estaleca"
ou "tarimba", quer dizer, a agilidade e perícia na actualização da arte de combate sindical, dependentes da aquisição e refinamento de esquemas de pensamento e acção
("facilidade que eu tinha de organizar as ideias"), que são
apenas imperfeitamente restituídos em textos oficiais. É a
lógica gerativa das maneiras interiorizadas de ser, pensar e
fazer sindicalmente destras que permite produzir, garan-
tido o seu escrupuloso intumescimento, uma capacidade
de improvisação e intuição em "negociações", "protestos",
"piquetes" ou "reuniões", acontecimentos caracterizados

por sempre renovadas combinações de constrangimentos e oportunidades, e onde os sindicalistas estão expostos a insólitas adversidades e a margens de liberdades desiguais conforme a configuração englobante de relações de poder. Uma tal competência *técnica* e *estatutária* está amplamente relacionada com a "experiência", também dita "prática", i.e. as experiências que foram proporcionadas pela longevidade sindical ("praticamos muitos") tanto quanto as experiências que são dependentes da prática ("fazemos, não te consigo explicar", "não penso no que digo, digo, só aponto os pontos principais do que vou dizer"). É ela que permite o autodomínio das pulsões ("não se exaltarem"); um comportamento orientado intuitivamente na forma de pressentimentos e antecipações considerados realistas ("estava ali e estava a adivinhar o que me iam dizer", "comecei a aperceber-me que havia ali qualquer coisa"); ou o desenvolvimento de uma peculiar capacidade de discernir o momento oportuno para um golpe certeiro ("basta ali um clique para darem completamente a volta a situação"). Das dimensões evidentes da virtuosidade sindical, é saliente a aptidão para efectivar uma oratória persuasiva ("forma como abordava as pessoas", "a maneira de apresentar os assuntos"), que, além da demonstração em público de uma argumentação verídica sem recorrer a argumentos estritamente racionalizados, convoca todo um estilo pessoal - a atitude física, o tom de voz, os gestos das mãos - para transmitir a posse de autoridade e apresentar uma imagem de si plausível aos trabalhadores. O que exige um "saber estar" apropriado para os acontecimentos sindicalmente mais tensos, isto é, um autodomínio ("calma", "não se enerva"), um porte e uma pose ("cabeça levantada", "peito feito"), e uma sensibilidade quase táctil dos limites do que é possível, razoável, útil afirmar em cada situação particular ("não passar dali", "conseguir aquilo", "lutar por objectivos").

Nota de campo de 11 de maio de 2011.
AF levanta-se para a sua intervenção. O delegado da empresa acabara de fazer as apresentações dos membros da mesa – entre os quais me conto, hoje, eu – e de enunciar a ordem de trabalhos. Em pé, começa por justificar a "razão do atraso" na marcação do plenário, causados por uma administração renitente a reunir com o sindicato, pois adiou-a sucessivamente quatro vezes, antes de, finalmente, na semana anterior, ter-se "sentado à mesa com o sindicato". A explicação de todo o processo, entrecortada de expressões coloquiais ("é pão-pão, queijo-queijo"), assume por vezes um matiz levemente irónico ("o senhor engenheiro diz que anda muito preocupado com a paz social..."), e rapidamente deriva para uma prescrição do comportamento a-propositado a adoptar pelos operários ("queixaram-se que há muitos trabalhadores que páram para fumar, que não estão no local de trabalho, e isso é irresponsável"). Os seus quase cinquenta anos parecem contraditos pelos gestos vivos, pelo bater das mãos para acentuar certa conclusão, no gesticular a marcar uma lista de tópicos, pelo abrir dos braços a fazer um intervalo antes de avançar para o remate do raciocínio. Ele esforça-se por transmitir uma inteligibilidade da postura sindical nesta

negociação que será, daí a pouco resumo resumir num silogismo pelo delegado da empresa: "A empresa pediu paciência. A empresa pediu porque necessitava. E nós sacrificamo-nos. Agora, o que nós vemos, nos postos de trabalho, é que dizem que não podem dar aumentos de salário mas nós vemos o trabalho a aumentar. Não dão mais, cumpram as cadências, cumpram os ritmos, querem mais, cheguem-se à frente. Porque não posso estar a trabalhar o dobro. Cumpro o estipulado. Pagam-me o mesmo, trabalho o mesmo." O uso de expressões retiradas da correnteza da vida operária, compondo todo um estilo retórico de prudência e firmeza, é imediatamente garantidas pela sua idade e pela sua fisionomia, pelo aspecto físico que exibe de operário "calejado". (...) Depois da discussão que se seguiu ao primeiro ponto da ordem de trabalho ("situação interna da empresa"), AF passa a palavra a TM para "introduzir" o segundo ponto ("situação política nacional"). TM tem pouco mais de trinta anos, um "chavalo", portanto, nos seus próprios termos, tenta ultrapassar esse ónus ("eu bem sei que às vezes podem pensar, «mas o que é que este chavalo quer?»"), fazendo uso de uma familiaridade acrescida com a cultura escrita, designadamente com a imprensa, familiaridade suficiente para que ele possa retraduzir as informações, a ponto de inverter em alguns casos o sentido original das notícias, em informação carregada politicamente. TM veio prevenido com fotocópias de notícias recentes saídas na imprensa periódica; tinha-me dito que "é importante preparar a intervenção", e à sua frente a lista de temas que anotou no caderno – ao contrário de AF que falou sempre de improviso -, confirmou isso mesmo. Vai mostrando as notícias uma a uma, quer para introduzir um tópico, quer para obter confirmação para o que acaba de dizer. Sei, porque mo disse, que espera obter uma espécie de efeito de realidade para as suas afirmações. O seu vocabulário é significativamente mais complexo e abstracto do que aquele utilizado por AF, ainda que abordem o mesmo tema. Há um penhor adveniente da utilização, sob fortes reservas, de uma linguagem elaborada. É nessa fina linha que separa o discurso "sério", validado por palavras e frases que pretendem demonstrar rigor de análise, e o discurso "secante", "a armar", "confuso", que se desloca TM. Falho de outros recursos sindicais, como a antiguidade, a aparência de "homem do ferro" ou a linguagem com ressonâncias oficinais, TM procura compor um estilo de elocução que rentabilize as suas oportunidade de poder particulares, a facilidade de falar de "política", o domínio da imprensa regular ou a correcção vocabular.

É a aquisição de uma valência de improvisação, essa que os dirigentes sindicais vêm a classificar como "perspicácia" ou "desenrascanço", a permitir que o sindicalista reaja apropriadamente ("saber intervir", "saber nos posicionar", "saber transmitir as nossas ideias minimamente") e consoante os imperativos aos quais está convictamente obrigado ("saber intervir", "saber posicionar-nos", "saber transmitir as nossas ideias apropriadamente"). Isto em parte garante que ele possa agir genericamente em concordância com o "espírito" do sindicato, sem contradizer, portanto, a "missão" que lhe foi investida, mesmo quando é colocado perante casos inusitados e inesperados ou quando não pode contar com directivas escritas de antemão. Instilado pelo contacto duradouro com a constelação de lugares do sindicalismo, entra e circula pelos corpos *sindicalizados* – expressão que deve ser, aqui, lida literalmente – uma propensão e uma aptidão a produzir espontaneamente actos sindicalmente significativos, propensão e aptidão que lhes permite responder apropriada e criativamente a circunstâncias sempre originais e inéditas ("cada mundo é o seu mundo") sem, com isso, transigir com a "letra" (ou o "espírito") de todos os artefactos sindicais ("manifestos", "documentos", "relatórios"). A "inspiração da hora" é a actualização circunstancial e circunstanciada das virtualidades cognitivas, discursivas, perceptivas e somáticas, derivada certamente da muita "transpiração" que transporta um trajecto de sindicalização singular e colectivo prolongado.

O plenário é uma ocasião privilegiada para ver ao vivo o trabalho de (inter-)mediação incontornável a que é conduzido o dirigente sindical, ele que acomete nesta ocasião uma obrigação (e um risco), compungido que é pelos colegas de trabalho (sindicalizados) a verbalizar "protestos" e "reclamações" e, em contrapartida, a trazer "satisfações" e "respostas". Ao mesmo tempo, o plenário é uma ocasião de justificação para o próprio sindicalista, uma oportunidade para reservar a prerrogativa da representação unificada do colectivo de trabalho para o sindicato a que pertence, tantas vezes em concorrência com outros actores de representação política dos trabalhadores, e também para conservar para si o controlo da ligação privilegiada que mantem com esse sindicato. Não é em vão que mencionamos o trabalho de (inter-)mediação do dirigente sindical.[6] Desde logo, são nele postas em prática numerosas operações de tra-

---

[6] Noutros momentos, como as "reuniões com a entidade patronal", este trabalho de formatação, quer dizer, as práticas e enunciações utilizadas para pôr-em-forma uma apresentação caracteristicamente sindical de "reivindicações" ou "opiniões", trata de sublimar o conjunto de "questões prementes do dia-a-dia", que são diariamente colocadas "no terreno" pelos trabalhadores ao delegado sindical, numa fórmula eficiente ("efectivar direitos"), adequando-as aos estereótipos tidos por permitidos e convenientes na situação de reunião ("educado", "com as palavras certas"). Esta auscultação dos leigos, que é logo um modo de "influenciar", modular a opinião deles, é realizada pelo "contacto" com os colegas no local de trabalho ("conversando", "trocando ideias") ou, pontualmente, nos momentos solenes do calendário sindical ("plenário", "piquete", "junto ao placard"). No entanto, durante a reunião com o patronato, esses indícios, "comentários", "queixas", "pedidos de informação", têm que ser convertidos numa linguagem canónica, recorrendo a argumentos de autoridade e a uma elocução persuasiva ("tenho de ir ali muito bem documentada"); manobradas de maneira pragmática ("não convém levar muitos temas, mas restringir a dois ou três", "às vezes temos de deixar cair qualquer coisa"); e também, entre outras "habilidades", cosidas com uma táctica de pequenos avanços ("não sair ali sem compromisso") – enfim, por toda uma *arte da eficácia*. Além da utensilagem técnica dos documentos legais e políticos, é relevante esse controlo das reacções e essa intuição das possibilidades – a "calma", a "serenidade", "saber ler as reacções", "perceber até onde vão eles" – que só o tirocínio sindical ("tarimba" dos "muitos anos de percurso") e, em especial, o sentimento de legitimidade ("ser respeitado", "saber que a razão está do nosso lado"), podem conferir a um sindicalista.

dução e retroversão de natureza ideológica. Em termos simplistas, podíamos dizer que se trata de adequar a *oferta* política do sindicato, veiculada pelo discurso do delegado ou dirigente enquanto "informação", "ponto de ordem", "esclarecimento", às características peculiares da *procura* dos trabalhadores, às "prioridades" e "capacidades" do auditório da empresa. Depois, a aglomeração dos trabalhadores contribui por si só para dar uma impressão de verosimilhança a todas as enunciações que recorrem à ideia de operariado como entidade unificada e actuante, constituindo uma espécie de exorcismo pelo qual o colectivo latente dos trabalhadores ("nós") surge cabalmente demonstrado pela coexistência física durante a duração do plenário. Esta reunião de um grupo de trabalhadores, cuja simples co-presença permite o emprego da primeira pessoa do plural ("nós, os trabalhadores"), produz, assim, um efeito de realidade, tornando concreta, *ali*, a classe operária, forçando-a a aparecer de *corpo presente* tanto pelos corpos físicos dos seus membros ("estar ali"), como pelo corpo colectivo dos interesses que juntos possuem ("a malta está toda de acordo?"). De facto, os plenários são mais do que os contextos formais de transmissão de conteúdos políticos utilizados pelos dirigentes sindicais para "propaganda", eles são cerimónias cruciais para instaurar e reter a representação sindical de um colectivo de trabalho por um, e idealmente um só, representante sindical em particular (ou, a outro patamar, por um certo sindicato). De tal maneira que garantir a *comparência* física dos trabalhadores, vista como "levar os trabalhadores a dar o seu apoio" ou "envolver as pessoas na discussão", é já obter parcialmente a sua *comparticipação* simbólica das representações ideológicas que são proposta pela instituição sindical. É isto que permite proteger, ao mesmo tempo, quer o *consenso* em torno a uma determinada concepção ideológica do universo do trabalho ("luta de classes", "vemos aqui na empresa a política deles"), quer o processo de *delegação* pelo qual uma colectividade outorga, ou onera, a um sujeito pessoal ou institucional um mandato ("delegado", "sindicato"). Reconhecido como detentor de tal autoridade, o dirigente sindical pode "assumir" publicamente a sua aptidão e disposição a ser o portador da "opinião" unificada de uma pluralidade de trabalhadores. É importante notar que para instituir nestes termos uma representação sindical, o delegado sindical está positivamente qualificado, pois ele, normalmente, não só detém uma situação de privilégio em comparação com a generalidade dos colegas de trabalho, desde logo quanto ao tempo disponível para a actividade sindical, como pode igualmente recorrer a todas as tecnologias de ordenação da opinião ("ordem de trabalho", "intervenções preparadas") para valorizar ("persuasão", "dar força às ideias") antecipadamente as "propostas" ou "sugestões" que irá apresentar. No entanto, seria errado pensar que este duplo processo de consensualização e delegação passa sem atritos, havendo, entre outros, que contabilizar as estratégias patronais de eliminação ou neutralização da sindicalização operária ou as iniciativas concorrenciais de outros actores sindicais. Da mesma maneira, os trabalhadores que pertencem a determinado colectivo de trabalho, que estão longe de serem totalmente passivos ou apáticos, podem sempre fazer depender tal *consenso* e tal *procuração* da periódica renovação dos termos implícitos de um contrato específico mantido entre eles e os dirigentes sindicais: eles podem esperar, e frequentemente esperam, em troca da entrega do mandato de representação sindical a um certo dirigente (ou sindicato), a continuidade dos contra-dons sindicais ("esclarecer", "dar uma resposta", "trazer", "aumentos salariais"), podendo retaliar, por acções ou ameaças, com o abstencionismo, a agressividade verbal ou a mudança de orientação sindical.

Da passagem ao acto sob a pressão das contingências é que resulta, portanto, a aparência de naturalidade que toma uma potencialidade inscrita no corpo, lá permanecendo latente como uma virtude visceral. Será por funcionar apoiada em esquemas de acção e pensamento que os dirigentes sindicais, em parte, adquiriram e aprenderam ao longo de uma história de constrangimentos e oportunidades parcialmente comuns, geralmente pautada por experiências comensuráveis e exposta a uma mesmidade de situações biográficas, que este *princípio específico de geração das práticas sindicais* explica, em parte, a sedimentação de hábitos sindicais resilientes, polemicamente denunciados como esquemáticos e estereotipados ("discurso da cassete", "burocráticos"). Isto, por sua vez, contribui para coordenar e concertar actuações sindicais geograficamente separadas sem presumir necessariamente uma exaustiva e minuciosa previsão.[7] No entanto, vemos que os estilos de elocução empregues pelos dirigentes sindicais podem ser ligados com as *estratégias sindicais* que eles podem mobilizar para mostrar virtuosidade e pretender vantagens em termos sindicais, modalidades de expressão distintas e distintivas que variam consoante os modos de conscrição em que passaram a participar da instituição sindical ("antigamente", "quando vim, já havia muitos contratos"), as propriedades sociais dos percursos biográficos que acumularam antes e depois da sindicalização ("quase sem escola", "têm já muita preparação, ler, escrever, computadores"), ou, entre outros atributos, o lugar que presentemente ocupam da estrutura de poder do sindicato.[8]

---

[7] Seguimos de perto o raciocínio que Maurice Merleau-Ponty elabora a propósito da capacidade de improvisação do sujeito que dactilografa ou que toca um instrumento musical, os quais, segundo ele, lidam com uma *aptidão* peculiar de engendramento de novidades que não pode ser reduzida ao conhecimento formal da notação musical ou à arquitectura material do instrumento de escrita. Trata-se antes de uma *correlação* entre os esquemas de percepção e acção, a linguagem musical ou escrita, e a mecânica dos instrumentos técnicos operada segundo um *princípio geral* e *transponível* que actua instantaneamente sob novas circunstâncias porque o sujeito o assimilou depois de longamente treinado. Maurice Merleau-Ponty, *La Structure du Comportement*, Paris, PUF, 1990, pp.131-133.

[8] Num outro nível de análise, a gama de estratégias sindicais disponíveis, imagináveis e mobilizáveis varia consoante as vicissitudes da história sindical local e nacional, a repartição dos equilíbrios de poder existentes dentro da empresa ou da economia nacional como um todo, ou até o estado das percepções e apreciações ideológicas

"Esta estrutura da personalidade só se desenvolve em correlação com situações humanas específicas, com formas sociais de determinada estrutura, constituindo algo de muito pessoal e, simultaneamente, sócio-específico"[9]. Sob o que parece ser uma *segunda natureza* trai-se um *padrão de individualização* que a singularidade de uma trajectória biográfica apurou pela paulatina transmutação de um operário em dirigente sindical, "hábito social" incessantemente transmutado ao longo da vida de um operário tornado dirigente sindical que é um "cunho pessoal" trazido pelas formações sociais sobre as quais ele provisoriamente transitou.

---

acerca da legitimidade da acção sindical que têm o Estado e os grupos sociais, variações a que as tácticas individuais e colectivas dos sindicalistas são sensíveis e que procuram, ao mesmo tempo, conservar ou transformar consoante lhes seja socialmente vantajoso.
[9] Norbert Elias, *A Sociedade dos Indivíduos*, Lisboa, D. Quixote, 2004, p.165.

Imagem 1. Piquete de greve – Estação de São Bento –
24 de Novembro de 2010, 00h20m.

Imagem 2.– Corte de linha – Estação de Caíde – 25 de Novembro
de 2010, 05h25m

EM NOME DOS OPERÁRIOS.
QUE REPRESENTAÇÃO POLÍTICA
DAS CLASSES POPULARES?*

JULIAN MISCHI

Podemos regozijar-nos com o regresso, durante uma campanha eleitoral, dos operários sobre o palco da cena mediática. Mas, na realidade, os operários são falados: eles quase não falam nada. A cena política apertou-se em torno das classes dominantes, e as condições do jogo político fazem com que as classes populares estejam de qualquer maneira destituídas dos meios de representar e defender os seus interesses sociais.

No quadro desta campanha eleitoral, as referências públicas aos "operários" e, mais largamente, às "classes populares" ou ainda ao "mundo do trabalho" multiplicam-se. Invisível no tempo corrente, o mundo operário adquire subitamente uma existência mediática sob o duplo impacto de uma actualidade social feita de encerramentos de fábricas e de estratégias de mobilização eleitoral. Esta situação é inédita porque a campanha precedente apontou sobre-

---

* Tradução de Bruno Monteiro, com revisão de Virgílio Borges Pereira

tudo os projectores sobre os "bairros [*quartiers*] populares". Mais do que as fábricas, foram os bairros das periferias [*banlieues*] que simbolizaram em 2007 a consideração da "questão social" pelos candidatos. Em 2012, a crise do emprego industrial e as lutas operárias colocaram as fábricas no coração do debate eleitoral. Resultado, a caça aos votos operários deu lugar a confrontações políticas violentas e as visitas às fábricas tornaram-se uma passagem obrigatória para os candidatos. A luta eleitoral em torno a este grupo é tanto mais rude quanto os operários se caracterizam doravante sobretudo pela sua abstenção eleitoral e constituem por isso para os partidos uma reserva de novos eleitores a fidelizar.

Este regresso à cena eleitoral da figura do operário ocorre, contudo, num período em que o discurso dominante, ao mesmo tempo sociológico e político, se esforçou após os anos 1980 para enterrar esse mundo social, percebido como o vestígio de um passado industrial. "Sociedade pós-industrial" e "classes médias" são tantas outras noções-filtro [*notions écrans*] que escondem as divisões de classe na sociedade e a afectação de um número importante de indivíduos a tarefas repetitivas e ingratas. De facto, segundo o último recenseamento do INSEE de 2008, os operários formam ainda cerca de um quarto da população activa e um em cada três homens que têm um emprego é operário. Sobretudo, estes operários partilham cada vez mais as mesmas condições de existência e trabalho do que um outro grupo social em crescimento, o dos empregados, que é, de facto, composto sobretudo por mulheres elas próprias ligadas a ofícios de execução mas no comércio ou nas administrações. Uma mulher em cada duas com emprego provém desta categoria dos "empregados", cujo salário médio é ainda mais baixo do que o dos operários. O conjunto destes assalariados da indústria ou dos serviços, que sofrem constrangimentos quotidianos na sua vida familiar e profissional, forma o vasto conjunto das "classes populares", que representam 55% da população activa.

Numerosos mas invisíveis

Por causa precisamente dessa posição social subalterna, os operários estão largamente ausentes das representações públicas dominantes, produzidas pelos jornalistas, universitários, homens políticos, especialistas, artistas, que estão afastados destes meios sociais. Estes estão daí afastados por causa das suas propriedades sociais (origens familiares, profissão exercida, nível de escolaridade) e também porque não os frequentam. Os operários tornaram-se mesmo invisíveis aos seus próprios olhos, pois todo um conjunto de dispositivos de gestão da mão-de-obra contribuiu nestes últimos trinta anos para o declínio da consciência de classe que caracterizava outrora esse grupo. Tornados "operadores" nas empresas onde a palavra operário desapareceu das classificações, postos em concorrência com colegas de oficina que podem ter estatutos (precários ou estáveis) e remunerações (prémios e salários individualizados) diferentes, divididos por pequenas unidades onde os sindicatos dificilmente conseguem implantar-se, podemos compreender que a solidariedade operária e a consciência de pertença ao mesmo grupo se tenham atenuado nestes últimos anos.

Uma sociologia do mundo operário deverá, pois, regozijar-se com o regresso, mesmo pontual, durante o tempo de uma campanha eleitoral, dos operários ao palco da cena mediática. Mas esta representação pública revela na realidade uma profunda dominação social e cultural do grupo operário: no espaço público, os operários são falados mas quase não podem falar. As figuras operárias são mobilizadas por dirigentes políticos saídos, na grande maioria, da burguesia e das *grandes écoles*, que se esforçam por coscuvilhar [être à l'écoute] mundos sociais que não frequentam. Os seus contactos com o mundo operário passam por relações de especialistas saídos das mesmas escolas que eles ou por visitas a fábricas muito mediatizadas. A cena política apertou-se em torno das classes dominantes, e as condições do jogo político fazem com que os operários sejam de certa maneira destituídos dos meios de representar e defender os seus interesses sociais. Tocamos aqui numa questão central da sociologia política, aquela dos porta-vozes em democracia: como avaliar a legitimidade daqueles que falam em nome dos operários? E uma das principais evoluções recentes, em particular com o declínio do PCF, é que a identidade social daquele que pretende defender os operários e que diz conhecer as suas aspirações profundas torna-se secundária, até mesmo ilegítima de abordar. O véu lançado sobre a origem familiar e a posição social daquele que se faz o porta-voz dos operários conforta assim o poder político das elites.

Falamos de operários e das suas aspirações. De acordo. Mas quem fala deles? E em nome de quem certos se fazem os porta-vozes deste grupo? Ao apontar as desigualdades sociais de representação política, a sociologia levanta assim uma questão política: porque são os operários solicitados no quadro de uma luta eleitoral pelo acesso ao poder? É simplesmente para que eles votem e arbitrem assim a luta das diferentes fracções das classes dominantes para o acesso ao poder estatal? Ou é uma participação no jogo político que visa fazer-lhes adquirir as posições de poder e tentar assim mudar-lhes o lugar que ocupam na divisão social do trabalho social e político? A confrontação eleitoral está profundamente ligada ao poder e por isso, para usar uma noção que passou de moda, à luta de classes. Dominados socialmente, os operários também o são politicamente. Uma das questões envolvidas na sua participação nos combates eleitorais não é, desde logo, o recolocar em causa da sua exclusão da cena política?

A situação de despolitização nos meios populares é tal que, hoje em dia, a mobilização eleitoral tende a tornar-se o seu próprio fim. Votar é, de certo modo, integrar-se na sociedade: os especialistas de sondagem ou os politólogos estariam sossegados se os operários evitassem menos as urnas. Mas é preciso ainda assim sublinhar os aspectos conservadores da participação no jogo eleitoral que pode também contribuir para fazer aceitar a ordem social, para reassegurar o lugar social e político de cada um. Neste sentido, a real questão não será antes criar as condições organizacionais de uma mobilização das classes populares?

Não devem elas ser senão um suporte eleitoral ou têm elas a possibilidade de se representar a si mesmas?

Digressão sobre a história do PCF

Lembrar a ancoragem passada do PCF nos meios populares é um meio de esclarecer as condições de possibilidade de um envolvimento operário na cena política. O movimento comunista foi de facto concebido como uma empresa de mobilização dos operários que não fosse simplesmente eleitoral mas também uma mobilização militante que visava fazê-los aceder às posições de poder nas instituições que eram elegíveis.

Dos anos 1930 aos anos 1970, a audiência do PCF foi sobretudo forte nos meios operários, de onde saíram a maioria dos seus suportes eleitorais e o grosso das suas tropas militantes, mas igualmente os seus principais dirigentes. Os operários não estavam simplesmente no centro da sua retórica, eles constituíam igualmente o essencial dos seus representantes. A legitimidade operária dos dirigentes comunistas explicava-se ao mesmo tempo pela sua valorização da "classe operária" (e das suas figuras emblemáticas: o mineiro e o metalúrgico) e porque eles próprios eram provenientes dos meios operários. Ao não procurarem somente representar a classe operária, falar em seu nome, mas visando igualmente mobilizá-la e dar-lhe o poder, os quadros do PCF contribuíam para a promoção de um pessoal político de origem popular. Os termos mobilizados eram significativos, os dirigentes do "partido da classe operária" procuravam estabelecer "municipalidades operárias" e felicitavam-se com a presença de "deputados operários" nas bancadas da Assembleia Nacional.

A constituição de uma elite militante de origem operária repousava sobre um importante trabalho de formação e de enquadramento que começava "na base", nas regiões industriais. As fábricas constituíam para os comunistas o terreno principal da luta política. A acção nas empresas, com a constituição de células comunistas e de secções sindicais, encontrava um prolongamento directo nas localidades onde os militantes operários se apoiavam sobre o seu prestígio sindical para investir sobre as assembleias municipais. Eles podiam assim contestar o poder dos eleitos em funções, que se recrutavam, estes, fora dos mundos operários, por entre as elites patronais, os membros da gerência [*l'encadrement*] das empresas e os independentes (comerciantes, médicos, farmacêuticos, agricultores, etc.). Apoiando-se sobre o PCF e a CGT, os operários acederam assim ao poder municipal e invertiam em parte a dominação que sofriam nas empresas.

A formação de uma elite militante de origem operária ocorreu no quadro de um sistema de formação (as escolas do partido) e de controlo (os militantes deviam responder regularmente a questionários biográficos) inspirados no modelo soviético. Ela permitiu o acesso de operários a postos de responsabilidade no partido, nas suas redes sindicais e associativas, mas também nas instituições públicas (das câmaras municipais à Assembleia Nacional). A ascensão no aparelho e a detenção de mandatos por eleição eram estritamente controlados segundo critérios políticos (aceitação da linha) e sociais (origem social). A organização proporcionava os recursos colectivos e uma confiança em si que podia compensar parcialmente os efeitos da fraqueza dos recursos culturais e económicos dos militantes de origem operária.

Nisto, o movimento comunista constituiu uma tentativa de pôr em causa as lógicas sociais que excluíam as classes populares da cena política. Mas, logo que olhamos os detalhes, esta promoção militante disse respeito sobretudo a certas fracções do mundo operário, as mais estabilizadas. Mulheres, assalariados pouco qualificados, operários rurais, ou ainda trabalhadores imigrados, apagavam-se com frequência atrás do operário masculino, francês, muito qualificado, saído do mundo urbano da grande empresa. O "partido da classe operária" estava, pois, longe de representar a diversidade dos mundos populares. Sobretudo, a constituição de um aparelho hierarquizado e pesado provocou um distanciamento progressivo dos seus quadros em relação ao quotidiano dos meios operários. Os "dirigentes operários", sobretudo nos órgãos nacionais, eram na realidade funcionários permanentes que se tornaram profissionais da política. As desigualdades sociais que estruturavam o acesso ao campo político encontram-se assim dentro do próprio PCF como distanciamento relativo dos dirigentes nacionais em relação aos grupos populares em nome dos quais eles tomaram a palavra. Mas estes porta-vozes eram, todavia, provenientes do mundo operário, onde eles tinham feito as suas primeiras armas militantes, em particular no seio do sindicalismo.

A promoção de militantes e de eleitos de origem operária no quadro do movimento comunista representa assim um fenómeno assinalável e inédito, pois os operários são de ordinário excluídos da cena política em favor das classes dominantes. Esta promoção explica-se por um voluntarismo político, por uma estratégia organizacional e por orientações ideológicas, mas ela corresponde também a um estado particular da estruturação do grupo operário. A ascensão do PCF entre as duas guerras mundiais e a sua estabilização em níveis importantes de influência até ao final dos anos 1970 inscreve-se, de facto, num período de crescimento e de unificação relativa do grupo operário em torno dos trabalhadores qualificados da metalurgia.

A desoperarização do PCF

O PCF perde a sua influência eleitoral ao mesmo tempo que a sua ancoragem militante nos meios populares na viragem dos anos 1970. O declínio da corrente comunista e a marginalização política dos operários que ela provocou explica-se, desde logo, pelas mutações da condição operária. A precarização do emprego operário e a aparição durável do desemprego de massa provocou uma inflexão das lutas sociais e comprometeu a transmissão de uma cultura de classe. As reestruturações das grandes concentrações industriais fragilizaram as figuras operárias tradicionais (afinadores, montadores, chapeiros), que animavam as redes da CGT e do PCF. Doravante, cada vez mais operários trabalham em situação de isolamento no terciário (motoristas, operários de manutenção, fiéis de armazém).

Este contexto de fragmentação social do mundo operário participa evidentemente da distanciação das classes populares em relação ao PCF. Mas esta última resulta também de uma estratégia política que abandona progressivamente os militantes operários em benefício das "novas camadas sociais", nomeadamente engenheiros, técnicos e quadros. Os responsáveis comunistas que emergiram no final dos anos 1970 nos departamentos [territoriais] são certamente ainda com muita frequência de origem operária, mas eles, na realidade, trabalharam cada vez menos na fábrica e acederam rapidamente ao estatuto de funcionário permanente. O número de funcionários permanentes aumentou sempre ao longo dos anos 1970 para alcançar o milhar no fim do decénio. Sobretudo, a parcela dos "permanentes eleitos" e dos assalariados das colectividades locais geridas pelo PCF cresceu. A relação com as populações operárias passa cada vez mais pelos gestores, eleitos ou funcionários, e cada vez menos pelos militantes. A manutenção das municipalidades comunistas tornou-se uma questão central e a posse de recursos escolares ou de "competências de gestão" aparece progressivamente como um trunfo para militar no PCF e subir na hierarquia interna.

Os operários estão cada vez menos presentes no seio das redes militantes, eles não mais constituem um elemento central do discurso do PCF. No final dos anos 1970, no quadro nomeadamente da campanha dos "*Cahiers de la*

Misère", o PCF tendeu a apresentar-se como o porta-voz "dos pobres". Mantido por funcionários permanentes afastados do mundo industrial, este discurso abandona a noção de "classe operária" e vê-se sem ligação com os operários, que não se reconhecem mais nessa imagem desvalorizadora que lhes é remetida. Ao virarem-se para os "excluídos", os comunistas acabaram por se fazer os porta-vozes de categorias que se trata de ajudar e já não, como no caso dos operários, de mobilizar e de fazer aceder ao poder político.

O abandono da retórica de classe e a valorização da identidade operária encontra o seu apogeu nos anos 1990 com o "comunismo de mutação" impulsionado por Robert Hue. A "mutação" consiste em construir um partido "à imagem da sociedade" e de reunir "as pessoas". Longe de ser um partido de classe, trata-se para o PCF de ser simplesmente representativo da sociedade na sua diversidade, isto em detrimento da sua singularidade sociológica operária e do primado conferido à luta contra a exploração capitalista. A defecção eleitoral e militante dos operários em relação ao PCF (e à esquerda em geral) durante estes últimos trinta anos remete certamente para as transformações sociais que afectaram as classes populares mas também para as lógicas de afastamento produzidas pelas escolhas estratégicas e ideológicas dos quadros da organização.

A *exclusão política das classes populares*

As transformações internas do PCF contribuíram para a retracção contemporânea da cena política em torno das fracções burguesas da sociedade. E este tipo de mudança organizacional não passa sem efeitos sobre a possibilidade de tomar em conta os interesses das classes populares. Ao abandonar a referência ao mundo operário e à luta de classes, o PCF deixou o lugar vago para as construções concorrentes de representação das classes populares, saídas em particular das classes dominantes. A destruição das condições organizacionais de uma participação dos operários na vida política reforça a capacidade dos grupos sociais e militantes afastados das classes populares de falar em seu nome. Sem nenhuma base militante nos bairros populares e nas fábricas, a FN, por exemplo, pôde, apesar de tudo, pôr-se em cena como o "partido dos operários". Em 2007, com um certo sucesso, Nicolas Sarkozy pode apresentar-se como o porta-voz da "França que trabalha".

Em 2012, Jean-Luc Melénchon, antigo ministro socialista e actual dirigente do Partido de Esquerda, é o candidato comum da Frente de Esquerda em que participa o PCF. Como em 1965 e em 1974 com François Mitterrand e após o fracasso de 2007 (menos de 2% dos sufrágios expressos por Marie-Georges Buffet), o PCF apoia, pois, um não comunista para as eleições presidenciais. Estranhamente, é sob o impulso de Jean-Luc Melénchon e dos seus amigos saídos da esquerda do PS, que a campanha comunista recupera as cores ideológicas do "partido da classe operária". A (re)conquista do eleitorado operário é um efeito integrado de um discurso que faz referência à "luta de classes" e aos interesses contraditórios do "capital" e do "trabalho". Graças ao apoio das redes sindicais, o terreno das fábricas é valorizado como lugar da luta eleitoral e do combate cultural, nomeadamente contra a Frente Nacional.

A este respeito, é preciso sublinhar que Marine Le Pen permaneceu em frente à porta das fábricas, ela não entrou ali, carente de apoios reais estruturados no mundo operário e de legitimidade em comparação com as organizações operárias existentes. Os seus suportes recrutam-se sobretudo entre os operários do artesanato e das pequenas empresas, ali onde os assalariados são envolvidos em relações de proximidade e de dependência pessoal com o seu patrão, onde a presença sindical é quase inexistente. Os assalariados das grandes empresas, onde existem tradições de luta, são-lhe menos favoráveis. Os poucos casos muito mediatizados de sindicalistas abertamente próximos da FN não devem pois fazer crer na existência de uma base sindical frentista nas fábricas. Pelo contrário, as sondagens e os estudos de terreno mostram claramente que a proximidade com um sindicato (sobretudo se se tratar da CGT ou da SUD mas isso é verdade também para as outras organizações [sindicais]) é acompanhada pela distância em relação à FN e aos seus valores. Seria por isso errado pensar que a FN tomou o lugar que outrora ocupava o PCF nos territórios operários. Não existem redes da FN em meio industrial, nem escolas que formem uma elite militante saída do mundo operário. A FN é animada essencialmente pelos independentes (profissões liberais, comerciantes, artesãos), e sofre em todos os escrutínios para encontrar os candidatos a apresentar nas regiões operárias, mesmo depois de aí recolher numerosos sufrágios.

A oposição à FN no terreno das lutas sociais e no interesse dos operários é um dos eixos da campanha da Frente de Esquerda. Para além do dinamismo manifesto desta campanha que re-mobiliza comunistas e antigos comunistas, a questão para o PCF permanece todavia a mobilização eleitoral das classes populares e a renovação sociológica das suas estruturas. Entre os notáveis comunistas com frequência envelhecidos e os seus técnicos/quadros (colaboradores de eleitos, funcionários territoriais, etc.), que lugar há para os operários? Que lugar há também muito simplesmente para os militantes?

Sobre este ponto, é importante sublinhar que Philippe Poutou do Novo Partido Anticapitalista (NPA) é o único operário entre o conjunto dos candidatos às eleições presidenciais. Ele é mecânico e militante CGT na fábrica Ford de Blanquefort (Gironde) e a sua voz é pouco audível. No seu livro com um título significativo (*Un ouvrier, c'est lá pour fermer sa gueule*, [*Um operário está lá para calar a boca*] Textuel) ele reflecte sobre o "desprezo social" que acompanhou a sua entrada na campanha eleitoral. Ele explica e descobre "a oligarquia dos profissionais da política e a condescendência de classe daqueles que dominam a política institucional". Ser operário sempre ligado à produção e não um profissional da política como começou por ser Olivier Besancenot, o porta-voz do PNA, é uma verdadeira limitação [handicap]. Mas se a voz do candidato do PNA pode pouco, é também provavelmente porque ele não beneficia de condições organizacionais propícias a um uso da palavra colectivo. As redes militantes do NPA são fracas e pouco estruturadas, nomeadamente entre os meios operários, pois eles recrutam sobretudo entre as categorias sociais diplomadas, no seio nomeadamente de uma pequena burguesia cultural (professores, trabalhadores sociais, empregados dos serviços públicos) que constitui a elite militante do movimento.

No seio dos partidos políticos, os tipos de orientações ideológicas, de funcionamento organizacional e de composição social entrecruzam-se estreitamente. Esta interdependência entre as ideias, as estruturas e os homens constrange as formas colectivas de contestação da ordem social e política. Participar no jogo eleitoral implica, pois, lutar contra as forças sociais que conduzem à exclusão das classes populares da cena política.

SOBRE A IMPORTÂNCIA DE SE CHAMAR ERNESTO, AVELINO OU AMADEU. BREVES NOTAS SOBRE A MEMÓRIA DO ENCONTRO ENTRE O SOCIAL E A POLÍTICA NO PORTO (PÓS-)REVOLUCIONÁRIO.

VIRGÍLIO BORGES PEREIRA

1. Naqueles dias do final de Abril de 1974, há muito que as contradições decorrentes dos problemas de habitação da cidade do Porto faziam sentir as suas consequências nas acções de todos aqueles que se empenhavam em lutar contra a sua reprodução alargada. A cidade continuava a ser palco activo de problemas sociais que tinham no edificado degradado e em carências habitacionais de perfil muito diferenciado uma das suas expressões mais visíveis. A grande movimentação revolucionária ocorrida dias antes, em Lisboa (que se estendeu ao resto do país rapidamente, desde logo, ao Porto), tinha lançado a necessidade de agir social e politicamente entre muitos daqueles que, por profissão, militância ou condição, viviam de perto a degradação habitacional da cidade de então. Para estes, a urgência da

acção política em torno da defesa de uma solução democrática que pudesse modificar, definitivamente, o regime do país via-se, inevitavelmente, informada por preocupações sociais com o destino das populações destas zonas mais fragilizadas da cidade, que estavam longe de ser pouco densas tanto pelo que significavam em termos de degradação espacial como pelo que representavam em termos de colectivos humanos reunidos em contextos de grande exiguidade física. Não era, por isso, a habitação degradada assunto novo, nem a acção social e política em torno dos seus contextos tema de intervenção recente. Fruto desse activismo, mais ou menos clandestino, era possível, poucos dias antes de 24 de Abril, dar eco através da imprensa, mesmo se relativamente longínqua, das incidências dos problemas habitacionais no núcleo antigo da cidade[1]. Esse mesmo activismo tinha, entretanto, condições para se materializar também nos núcleos de *ilhas* da área central e nos bairros municipais da periferia da cidade, vindo os dias posteriores a 25 revelar rapidamente a capacidade de mobilização dos seus moradores, traduzindo-se esta, no caso particular dos moradores dos bairros municipais, na sua participação organizada na grande manifestação que,

---

[1] Ana Gonçalves, "Habitação", in *Comércio do Funchal*, número 2245 da IV série, 11 a 17 de Abril de 1974. Para uma interpretação sociológica do processo social vivido no centro histórico do Porto neste período, cf. João Queirós, "Precariedade habitacional, vida quotidiana e relação com o Estado no centro histórico do Porto na transição da ditadura para a democracia, *Análise Social*, 206, XLVIII (1º), 2013, pp. 102-133.

celebrando a liberdade, inundaria de gente a Avenida dos Aliados no dia 1 de Maio seguinte.

Recorrendo à análise das memórias dos processos sociais e políticos que vão atravessar a cidade no período posterior a Abril de 1974, tomando por referência alguns fragmentos da experiência de vida de um pequeno conjunto de militantes das associações de moradores dos bairros municipais e dos núcleos de ilhas da área central que se irão constituir nesta época na cidade[2], o presente texto procura destacar, sinteticamente, a importância específica dos enraizamentos sociais nos diferentes contextos locais da cidade na génese da acção política em torno da habitação que então será dinamizada e relevar os operadores de sentido que informam os debates em torno das tomadas de decisão política entretanto implementadas.

2. Como amplamente sabido, os espaços de acção colectiva constituídos, na sequência do 25 de Abril de 1974, nas associações de moradores terão no domínio habitacional o

---

[2] O presente trabalho retoma muito sinteticamente informação, desde logo um corpus de entrevistas efectuadas a moradores e a técnicos de diferentes especialidades, reunida no quadro do projeto de investigação "Ilhas, bairros sociais e classes laboriosas: um retrato comparado da génese e estruturação das intervenções habitacionais do Estado na cidade do Porto e das suas consequências sociais (1956-2006)", desenvolvido no Instituto de Sociologia da Universidade do Porto com financiamento da FCT (PTDC/SDE/69996/2006).

seu horizonte de referência maior[3]. Na cidade do Porto e no caso das associações de moradores que se constituem nos bairros municipais, uma tal preocupação vai materializar-se – oficialmente e logo desde o primeiro dia de Maio de 1974 - numa crítica severa à figura do fiscal camarário, na elaboração de um caderno reivindicativo que procurará dar sequência à abolição do regulamento dos bairros sociais da Câmara Municipal do Porto - tão criticado, por muitos dos seus moradores, ao longo da história dos bairros construídos ao abrigo do Plano de Melhoramentos de 1956 – e,

---

[3] Para uma conceptualização sociológica sobre a acção dos movimentos de moradores em Portugal neste período, cf., por exemplo, Vitor Matias Ferreira, *Movimentos Sociais Urbanos e Intervenção Política*, Porto, Afrontamento, 1975; Charles Downs, *Revolution at the Grass Roots. Community organizations in the Portuguese Revolution*, Albany, The State University of New York Press, 1989; Diego Palacios Cerezales, *O Poder Caiu na Rua, Crise de Estado e Acção Colectiva na Revolução Portuguesa, 1974-1975*, Lisboa, Imprensa de Ciências Sociais, 2003. Sobre o caso portuense, atentar, em particular, em Maria Rodrigues, *Pelo Direito à Cidade: o movimento de moradores do Porto (1974-1976)*, Porto, Campo das Letras, 1999; Helena Vilaça, "As associações de moradores enquanto aspecto particular do associativismo urbano e da participação social", Sociologia, Revista da Faculdade de Letras da Universidade do Porto, 1994, 4, pp. 49-96. Ver também José António Bandeirinha, *O Processo SAAL e a Arquitectura no 25 de Abril de 1974*, Coimbra, Imprensa da Universidade de Coimbra, 2007; Idalina Machado, *Lutas Sociais, Habitação e Quotidiano: análise da génese e estruturação do Bairro da Bouça na cidade do Porto (do SAAL à solução cooperativa)*, Tese de Doutoramento em Sociologia, Faculdade de Letras da Universidade do Porto, 2012.

seguidamente, num trabalho de coordenação de movimentações que conduzem à ocupação de casas, sobretudo em bairros públicos, entretanto construídos[4]. No caso das associações de moradores dos diferentes núcleos de ilhas da cidade, o tal horizonte de acção em torno do edificado vai ter o seu propósito central situado nas incidências decorrentes da possibilidade de reabilitação das ilhas e, rapidamente, na sua substituição pela construção de casas e de bairros novos, recusando os moradores a sua construção na periferia citadina e reivindicando, assim, a sua localização na área central, ao abrigo da máxima do "direito à cidade" que se generalizará como móbil para a acção entre aqueles que se envolvem neste processo. Ainda que em graus variados de mobilização, que vão depender, à medida que se concretizam modalidades alternativas de ocupação de habitações e de contradições de diferente tipo na implementação das decisões que conduzem à construção de casas novas, do esforço a desenvolver na negociação com as autoridades públicas, as dinâmicas de trabalho envolvidas no desenvolvimento da acção colectiva vão, precisamente, contribuir para autonomizar, no espaço das relações de vizinhança locais, os contextos associativos como domínios relacionais particularmente densos, conferindo-lhes uma realidade eminentemente política que perdurará enquanto as condições de possibilidade da respetiva acção se revelarem eficazes, o que quererá dizer, na realidade, não só até

---

[4] Marielle Christine Gros, *O Alojamento Social sob o Fascismo*, Porto, Afrontamento, 1982.

ao final de Novembro de 1975, mas até ao momento da atribuição de casas construídas, nos casos em que houve lugar a essa construção, ou da normalização da gestão de bairros construídos ou ocupados, o que, em alguns casos, se chegará a prolongar quase até ao final da primeira metade da década de 1980.

O desenvolvimento das associações de moradores como espaço de acção colectiva será caracterizado pela integração de diferentes dimensões de actividade, assumindo, desde logo, relevância o trabalho de consciencialização social assegurado pela dinamização de um conjunto de jornais locais. Outros domínios de acção assumirão a sua presença no trabalho associativo local, como sejam os apoios sociais de proximidade, a promoção da alfabetização, ou a facilitação do acesso ao consumo, reabilitando, na história da cidade popular, a figura da acção cooperativa. Ainda assim, será em torno da habitação que a acção das associações mais se afirmará. Tal como tem vindo a ser sublinhado por um conjunto alargado de estudos, tais quadros de acção contaram com o apoio, à medida que o processo revolucionário em curso se adensava, de diferentes interlocutores sociais e políticos. Fosse a Aliança Povo-MFA a ditar a sua influência nos mais diversos domínios, a presença das Brigadas Técnicas do SAAL nos casos em que houve lugar a intervenções no edificado, ou a presença crescente dos partidos políticos, especificamente, dos que se situavam na esquerda e na extrema-esquerda do espectro partidário, foram diversificadas as influências, as coligações, mas também as colisões, que se cruzam com a acção das associações de moradores. Importa, no entanto, sublinhar que estas não eram as únicas entidades que com estas estabeleciam relação. Ainda que o desenvolvimento do processo revolucionário tenha significado uma recomposição das estratégias de alianças entre as partes em presença, argumentando muitos daqueles que o viveram de mais perto com a importância crescentemente assumida pelas influências e demarcações político-partidárias, é relevante reconhecer-se que as práticas associativas desencadeadas com o 25 de Abril, bem como as que decorrem dos dispositivo legais que estão na origem do SAAL, se inscreviam também em entidades com forte enraizamento social local, como sejam as associações desportivas e recreativas de bairro ou, num registo de enquadramento alternativo, as entidades cuja acção decorria no interior do universo da Igreja Católica, com particular destaque para a *Obra Diocesana de Promoção Social* e para o trabalho que esta desenvolvia junto de alguns dos principais bairros sociais do município. Sendo certo que a acção de representantes de diferentes partidos terá sido decisiva no desencadear imediato dos processos organizativos formais de muitas das associações e no aproveitamento da "oportunidade política" aberta pelo processo revolucionário, não se deverá esquecer a importância assumida por essa tradição associativa de base local e, em geral, a relevância que o interconhecimento nos diferentes bairros citadinos possuirá enquanto domínio de socialização susceptível de gerar efeitos políticos concretos.

O quadro de interacção característico do funcionamento das associações de moradores, construído, em termos de legitimidade, num primeiro momento, em torno da *assembleia popular*, favorecerá a emergência de um conjunto alargado de representantes, cujo reconhecimento - mediado, de forma mais ou menos intensa, consoante os contextos, pela acção das estruturas de cooptação dos partidos políticos – será constituído tendo em conta a mensuração localmente efectuada de competências variadas em matéria de activismo político, de capacidade de decisão e de relacionamento social e de talento oratório de homens e de mulheres que, na maioria das situações, se definiam, não sem alguma variação, pela debilidade dos recursos económicos e culturais detidos, ainda que, para efeitos de mobilização política local, estivessem longe de se definir de idêntica forma em termos de recursos relacionais.

3. Com origens em diferentes lugares da cidade e com histórias que, por força da dinâmica própria dos movimentos de moradores, se chegam a cruzar, Ernesto, Avelino e Amadeu são três desses representantes que, em locais alternativos e com cargos diferentes nas respectivas associações, se viram um dia com responsabilidades de representação dos moradores seus vizinhos.

Para Ernesto, nascido e criado num dos mais conhecidos bairros sociais da cidade, bem integrado profissionalmente (com qualificações técnicas), dirigente de um clube desportivo local, que fará todo o percurso pelo trabalho associativo da época como *independente*, a movimentação que o vai levar a assumir várias responsabilidades no decorrer do processo revolucionário terá, desde sempre, prioridades bem definidas, a que não são alheias, como o próprio reconhece, as partilhas de ideias e as discussões com as assistentes sociais e os intelectuais que intervêm, desde há muito, no bairro:

> "(...) E, pronto, apareceu um grupo [constituído por assistentes sociais da Obra Diocesana e um grupo de intelectuais independentes] e formámos então e, logo no 1º de Maio, saímos com uma manifestação. E aí já se associaram também outras associações e saímos com uma manifestação para a rua, desde São João de Deus, de maneira que foi crescendo. Depois também houve pessoas de outras zonas, de São João de Deus até à Praça da República, até a Praça da República para festejarmos o 1º de Maio. Portanto, essa foi a primeira grande acção das Comissões de Moradores, acção política naturalmente. Depois, as Comissões de Moradores de cada bairro tinha(m) especificamente os seus problemas. De uma forma geral, o problema era, era um, que era lutar contra o senhorio Câmara do Porto. Era o problema principal. [risos] Era o problema principal, era lutar contra o senhorio da Câmara do Porto. Aliás, problema que ainda hoje é. (...) e os fiscais. Os fiscais eram os mandatários directos da Câmara Municipal do Porto. Tudo o que o fiscal dissesse à Câmara, que eu me portava mal, ou que eu recebia visitas indesejadas em minha casa, a Câmara no outro dia, ou passado dias, aparecia lá com camião. Tarecos à porta, vamos embora e não se sabe para onde. Despejavam as pessoas pura e simplesmente. Portanto, (...) a primeira acção das Associações dos bairros camarários foi lutar contra o regulamento então vigente nos bairros camarários, regulamento esse que dava uma grande cobertura aos fiscais.

Depois começa-se a lutar pela reintegração porque havia muitas casas, aliás após o 25 de Abril o que havia mais era casas vagas nos bairros camarários. Havia, ou antes do 25 de Abril, havia casas vagas nos bairros camarários que era uma loucura..."

Avelino e Amadeu, moradores em zonas de ilhas, diferentes, da área central, terão também as suas prioridades de acção centradas no equacionamento das possibilidades de resolução dos problemas concretos das populações dos contextos degradados em que vivem. Para Avelino, na época muito jovem, mas já com alguma formação académica e com uma experiência política relevante de militante de extrema-esquerda, o movimento de moradores vai ser ocasião para um aprofundamento da ligação ao bairro em que vivia, para a valorização dos laços sociais locais e para uma desvinculação partidária significativa, que não impedirá a assunção de grandes responsabilidades na definição do destino de uma das mais dinâmicas associações de moradores da cidade:

"(...) porque eu, por exemplo, eu fui sempre contra a instrumentalização das organizações. Quer dizer, nós devemos ter a nossa influência mas por, pelo nosso exemplo, não é? Pelo nosso exemplo. Eventualmente pelo ponto de vista de uma ou outra pessoa mas não para servir de corrente, para mim não. Numa organização popular em que se pretende, há objectivos comuns, em que se pretende atingir determinados objectivos e que se pretende mobilizar toda a gente... Estar, estar a fazer cisões, estar a cavar fossos por sectarismo e por intolerância ou por um fim sectário. Isso foi uma coisa que eu aprendi nos estudos, a não ser sectário. Não fui, nunca fui. (...) Bom, mas acho que isso impossibilitou que eu continuasse ligado à organização política em si. (...) Quer dizer, sou simpatizante, não é? Sou simpatizante. Na altura continuo com aquela fé e fica mas não intervenho em nada, não é? Não participei em nada, nem em reuniões".

Por seu lado, para Amadeu, sindicalista fortemente enraizado no meio operário em que vivia, uma vez desencadeado o processo que conduziu à construção de habitações novas, revela-se particularmente marcante a capacidade de iniciativa e o conjunto de diligências que tem de realizar para desbloquear as injunções contraditórias que, com frequência, surgiam no desenrolar do processo construtivo e que conduziam a impasses burocráticos e financeiros com resolução, aparentemente, quase impossível:

"Temos que ir a Lisboa! O governo deve-nos! Temos de pedir um dossier do que está... do que se gastou, do que eles enviaram, do que está feito! Que é p'ra saberem onde é que está o dinheiro realmente! E vamos a Lisboa! Alguém foi? Ninguém! 'Ai, pá, porque isso é impossível, porque eles não nos atendiam!' E não sei quê... Então, liguei ao [nome do artquitecto], e disse assim 'Ó senhor arquitecto, precisava que o senhor viesse aqui p'ra nos ajudar, porque é isto é assim assim'. (...) 'Era p'ra ver se o arquitecto vinha aqui, para nos ajudar a fazer um dossier de tudo o que está feito, que é para se ir a Lisboa'. Ele veio, 'teve lá reunido com nós, mas ninguém, ninguém estava disponível p'ra ir!

Ninguém foi! Digo assim 'eu vou'. 'Ó senhor arquitecto, faça-me um dossier, e explique-me tudo conforme está, o que está feito!' Olhe, estive ali até às 5 horas da manhã, mais ou menos, com ele. Ele pôs-me tudo... Prontos, 'tava tudo em ordem (...). Eu fechei o coisa da Associação, e não estive mais com eles. Segunda-feira de manhã, meti-me no coisa... [no comboio], e prontos, fui a Lisboa! Fui a Lisboa, levei aquilo tudo, e digo-lhe uma coisa, eu até cuidei que... Mas pronto, foram muito atenciosos! Fui ó... Era no tempo do Vasco Gonçalves. Fui atendido pelo Ministério da Administração Interna. Tive que correr, tive que correr aquilo tudo! E o último era o Fundo de Fomento da Habitação! Ai mas perdi um dia! Mas a andar de um lado para o outro! Olhe, o Ministério foi todo! Depois era recebido pela senhora doutora dona num sei quê! Quer-se dizer, (...) e esse é que todos os dos ministérios disseram 'Sim, senhora, vê-se que... prontos, isto é uma associação que se vê que está... que tem aqui um trabalho feito, onde é que está investido o dinheiro! E assim, pela nossa parte, acho que é de levar os cinco mil e setecentos contos que faltam para acabar o restante!' Trouxe o cheque!"

Na memória destes três militantes de bairro, o aspecto decisivo da acção levada a cabo nas associações de moradores passa pelo modo como esta se constituiu em torno da valorização da participação colectiva nos processos de tomada de decisão, tal como se depreende da seguinte afirmação de Avelino:

"(...) A partir da institucionalização, digamos, democrática tudo parou. Tudo recuou, tudo recuou bastante. Aquela época era de facto um bocado revolucionária. De facto, era verdade. E grandes transformações em que as pessoas tinham, jogavam com o poder que tinham que era o de se juntarem, de se unirem e estarem solidários uns com os outros (...). E tinham força quando estavam juntos. E depois começaram a dividir todos, não é? Vieram os partidos, vieram as eleições e começou-se a dividir tudo, não é? (...) O importante, o importante das Associações e das Comissões é que quando se convocava uma Assembleia vinha o bairro, vinha tudo. Vinha tudo. Portanto, eram Assembleias ... E depois discutia-se de tudo. Aquilo era começar às nove e acabar às duas".

No quotidiano associativo, e em articulação com a participação colectiva e com os processos de decisão que lhe são inerentes, a objectivação da necessidade habitacional e o sentimento de justiça na sua definição assumirão grande relevância política local. Se, no caso da acção das associações de moradores dos bairros municipais, a força do colectivo na definição das necessidades ditará o modo como se estabelece a legitimidade dos movimentos de ocupações das casas, no caso das associações de moradores das ilhas o trabalho de determinação da necessidade habitacional será mais delimitado e estará no centro das atenções dos moradores. Tal como salienta Avelino:

"Porque aquilo meteu, meteu desde, desde dessas pessoas das brigadas, engenheiros, assistentes sociais. Nós envol-

> vemos uma equipa tão grande, tão grande naquilo tudo. Foi tão complexo, foi tão completo que eu, sinceramente, eu não me recordo que haja alguém que algum dia tenha dito que se foi alguém lá para baixo [para as casas novas] que foi por favor ou por ... Porque foi... Foi exemplar. Foi absolutamente exemplar. (...) Foi tudo democrático. Foi tudo muito discutido. E muito... Com técnicos das diversas, desde as assistentes sociais a engenheiros, os arquitectos, etc. Toda a gente foi envolvida e as pessoas a participar activamente, não é. Foram feitas vistorias a toda a gente, às casas das pessoas, toda a gente..."

Amadeu, de resto, retirará todas as consequências desse trabalho de objectivação local da necessidade e pugnará, até ao limite, pelo respectivo cumprimento, tomando, em nome dessa mesma objectivação e do reconhecimento do trabalho que desenvolveu a seu propósito, a decisão que, para ele, se impunha:

> "Assim foi. Mandaram-me uma última carta da associação para eu ir escolher a casa, e eu rasguei. Rasguei, peguei no cartão [de associado], queimei-o".

Depois de um trabalho decisivo para tornar possível a casa no bairro para centenas de pessoas e de uma luta intensa pela definição de critérios objectivos de acesso às casas novas, Amadeu recusará a casa no bairro que a associação lhe propunha. Ainda que vivesse em condições habitacionais muito degradadas, na sua perspectiva, havia outros com mais necessidade do que ele e havia que retirar consequências de uma tal circunstância. Amadeu ficou, assim, sem casa no bairro novo, e apenas veio a conseguir uma habitação condigna quase trinta anos mais tarde, depois de uma atribulada história habitacional, num bairro de habitação social da cidade. Pôde, no entanto, entrar sempre no café das redondezas e sentir-se respeitado. Como lhe dizia a cunhada a propósito de tão marcante tomada de posição: "você fez bem".

*

Contando, na sua génese e desenvolvimento, com a presença activa de diferentes interlocutores sociais e políticos com origem exógena, os movimentos de moradores dos bairros sociais e das zonas de ilhas que se formam, com grande vigor, na cidade do Porto, a partir de 25 de Abril de 1974, não deixaram de se enraizar profundamente no tecido social dos respectivos bairros. Um tal enraizamento social foi acompanhado por um trabalho político de definição colectiva de critérios de necessidade social e habitacional. Não sem conflitos, o reconhecimento local da legitimidade do processo de atribuição das casas novas nos bairros resultará, largamente, desse trabalho colectivo de sensibilização dos moradores para a relevância de critérios objectivos determinados em que muitos dos militantes associativos investirão a forma mais consagrada de capital que, na época, possuem, a saber, o *crédito* que inspiram entre os seus vizinhos e o seu nome.

Coleção Livros de Bolso Le Monde diplomatique

1. *Desigualdades em Portugal - problemas e propostas* organizado por Renato Miguel do Carmo
2. *Precários em Portugal - entre a fábrica e o "call center"*, organizado por Nuno Domingos, José Nuno Matos e Rahul Kumar
3. *Imigração e Racismo em Portugal – o lugar do outro* organizado por Bruno Peixe e Nuno Dias
4. *Novos Proletários: a precariedade entre a "classe média" em Portugal* organizado por Nuno Domingos e José Nuno Matos
5. *Portugal, uma Sociedade de Classes – polarização social e vulnerabilidade* organizado por Renato Miguel do Carmo